Carla grac[...]

Que disfrutes mucho tu

libro.

[firma]

PREDICCIONES 2017

MIA ASTRAL

PREDICCIONES 2017

MIA ASTRAL

EL AÑO PARA ENCENDER TU PODER PERSONAL
Y TRANSFORMAR TUS RELACIONES

Planeta

Obra editada en colaboración con Editorial Planeta Colombiana – Colombia

Diseño y diagramación: Departamento de diseño Grupo Planeta

© 2016, Miastral, LLC
© 2016, Editorial Planeta Colombiana, S.A. – Bogotá, Colombia

Derechos reservados

© 2016, Editorial Planeta Mexicana, S.A. de C.V.
Bajo el sello editorial PLANETA M.R.
Avenida Presidente Masarik núm. 111, Piso 2
Colonia Polanco V Sección
Deleg. Miguel Hidalgo
C.P. 11560, Ciudad de México
www.planetadelibros.com.mx

Primera edición publicada en Colombia: octubre de 2016
ISBN: 978-958-42-5393-4

Primera edición impresa en México: noviembre de 2016
ISBN: 978-607-07-3755-8

Impreso en los talleres de Litográfica Ingramex, S.A. de C.V.
Centeno núm. 162-1, colonia Granjas Esmeralda, Ciudad de México
Impreso y hecho en México – *Printed and made in Mexico*

MIA ASTRAL es María Pineda, una *life coach* y astróloga cabalista práctica inspirada por la capacidad infinita del ser humano para evolucionar. Con la intención de ser un canal de transformación para otros, desde hace años se dedica a compartir su gran pasión: el estudio y la aplicación práctica de la astrología, la Kabbalah y el coaching ontológico como herramientas para el desarrollo personal de la consciencia.

Es autora, conferencista y creadora de la exitosa plataforma digital Mia Astral, desde la cual lleva su mensaje a más de un millón de personas diariamente. Su carisma, su conocimiento y su manera particular de transmitirlo la han consagrado como una de las personalidades más influyentes en el ámbito del crecimiento personal y el *wellness* dentro del público hispanoamericano.

ÍND

PANORAMA GENERAL

ICE

PARA
EMPEZAR...

¿Recuerdan que en la portada de *Predicciones 2016* decía "es una guía para toda la vida"? Quizá muchos no entendieron en ese momento a qué me refería, aunque traté de explicarlo. Veamos los años como secciones de tiempo que ha creado el hombre. En esa sección de tiempo de 12 meses que fue el año pasado, contamos con patrones energéticos que debíamos "cursar" para poder asumir los retos que presenta este año. Así como el sistema educacional nos dice que primero debemos cursar primaria, después secundaria, y eso tiene una razón, nosotros teníamos que cursar el 2016 para pasar al 2017. Así es que sí: ese libro era una guía para toda la vida, porque lo que aprendiste e integraste durante ese tiempo no se perderá jamás.

Todo lo que hacemos por mejorar nuestra relación interna, por superar viejos patrones y cambiar programación antigua o retrógrada vale su peso en oro. Las lecciones de consciencia jamás se desperdician, nunca se pierden, como sí muchas veces perdemos la buena figura al dejar de entrenar. Que entiendas eso es parte de mi meta con estos libros de predicciones. Los llamo así para que las personas que jamás han estado en contacto con el tipo de astrología que trabajo se acerquen y entiendan que tienen en sus manos palabras que espero siembren semillas de luz en ellas; palabras que ayuden a las personas a redireccionar su atención hacia lo que desean, en vez de seguir invirtiendo energía en sostener hábitos que no les hacen bien y los mantienen separados de su poder personal.

Es para mí muy importante que, al entender mi astrología, ustedes se sepan libres en sus elecciones, se guíen por la energía disponible que presenta cada ciclo y adecúen la información a su visión, en vez de tomar un predicamento imperativo. Ningún horóscopo o guía de vida debe restar espacio a tu inteligencia ni aminorar una oportunidad de crecimiento. Todo lo contrario… y aquí estamos.

Si este libro era un deseo, si lo buscaste, desde las primeras páginas te deleitarás. Si llegó a ti por curiosidad, poco a poco disfrutarás el viaje porque hay en cada línea un vasto respeto por tu poder personal. Si te lo regalaron, es una invitación a ver la vida de otra manera y a reconocerte como cocreador de tu destino.

DÓNDE ESTAMOS Y

HACIA DÓNDE VAMOS

Lo que debimos aprender en el 2016

Imagina que tu proceso de evolución es una escalera. El 2016 era un peldaño. Haber cursado sus materias y lecciones es lo que te eleva a este peldaño que será el 2017.

El patrón energético más importante del 2016 fue la cuadratura en T. De la manera más simple que puedo explicártelo, es diciendo que fue un patrón que de hecho empezó en septiembre del 2015 y duró hasta septiembre del 2016. Tres planetas estaban enlazando energía y, como duró un año, creó una tendencia a largo plazo que se marcó fuertemente en septiembre y diciembre del 2015, y en marzo, junio y septiembre del 2016.

El patrón o tendencia consistió en quitarnos velos de negación, trabajar en algo que siempre decíamos que haríamos, darnos cuenta de que el esfuerzo y compromiso es muy importante, que los sueños no se cumplen, se trabajan, y que cuando nos hemos comprometido con la dedicación diaria, con ser canal y herramienta de manifestación, nos liberamos.

Pocas cosas nos encarcelan más que poner una condición que ponga nuestra vida en espera. Por ejemplo: "Cuando me mude a esa ciudad, empezaré a vivir", "Cuando tenga unos kilos menos, me sentiré segura", "Cuando me certifique en tal programa, trabajaré como quiero". También sabemos que ese "cuando" no empieza hasta que uno decida que empiece, y como el piloto automático del ego muchas veces gana, esa condición se idealiza y flota manteniéndonos abajo... porque siempre está esa idea de que un día pasará. Y no pasa hasta que TÚ pasas.

El patrón llamado "la cuadratura mutable" o "la cuadratura en T", en sus momentos más fuertes, nos llevó a abrir los ojos, nos empujó a empezar y si bien no todos los sueños eran para ser, al trabajar en ellos disolvimos la condición y de hecho nos atrevimos a sentir y aprovechar esta experiencia humana. El ejercicio de ese patrón era necesario para trabajar los patrones del 2017, que, para resumir, se tratan de entender que las relaciones son nuestro gurú. Así como lo leen. No es que un líder espiritual sea tu gurú. No es que la celebridad en *social media* sea tu gurú. Las relaciones que nos crean contraste, nos hacen ver nuestro proceso interno reflejado en el otro, que es espejo... ese es el gurú.

Lo que aprenderemos en el 2017

No podíamos trabajar con esta energía de las relaciones como gurú si primero no atendíamos un sueño interno y la urgencia de probarnos que somos posibles, que podemos comprometernos con nosotros mismos para empezar. La cuadratura en T en el 2016 fue un curso con muy pocos recreos en esto de escucharnos, trabajar en nosotros mismos, mejorarnos, cambiar hábitos negativos y superar programación antigua. Tenemos que tenernos a nosotros mismos antes de entregarnos, y si cursamos bien el 2016, ahora estaremos abiertos a compartir estas mejoras con alguien más, sea en una unión personal o comercial. Pero claro, siempre habrá personas que no despertaron en el momento del patrón, pero lo harán ahora, sobre todo de febrero a junio, por las alineaciones que se presentarán.

No te agobies si no integraste la cuadratura en T o si no sabías que debías hacerlo. Todos, conscientemente o no, trabajamos en ella; y sí, tenemos varias lecciones bajo el brazo y a nuestro favor. Además, a todos nos caerá bien el *bootcamp* de relaciones del mencionado periodo (febrero a junio) para después estar más cómodos al compartir con otro, al comunicar lo que deseamos una vez hayamos entendido que compartir la vida con alguien más no silencia nuestra individualidad.

Sin duda, el 2017 es un gran año para las relaciones y para apreciar el crecimiento maravilloso que nace de ellas. También es un año de alta creatividad, gracias a los eclipses. Vale la pena mencionar que en el 2016 tuvimos muchos eclipses de limpieza, cambio de hábitos y aprender a estar cómodos dentro de nuestra piel. Este año tenemos eclipses de creatividad, autenticidad, seguir el llamado del propósito y disfrutar más la experiencia humana. Estos también benefician las relaciones, ya que al estar más conectados con quienes somos en verdad podemos ver con facilidad personas que sí resuenan con nuestra energía y vibración. Además, será un excelente año de estudio, así que manos a la obra.

LOS PATRONES MÁS

IMPORTANTES DEL 2017

Júpiter en Libra

Júpiter, planeta del crecimiento, abundancia y expansión entró en Libra el 9 de septiembre del 2016 para quedarse allí hasta el 10 de octubre del 2017. Júpiter en Libra es el tránsito que sucede una vez cada 12 años y representa expansión a través de nuestras relaciones, sean personales o comerciales. Este tránsito no garantiza que todas tus relaciones serán perfectas, sino que las lecciones que harán crecer tu capacidad, que te harán crecer, vendrán de relaciones (existentes o nuevas) importantes en tu vida: estas serán tu gurú.

Como siempre, Júpiter entra en un signo y pasa cinco meses directo en los cuales vamos aprendiendo sobre la energía que tiene en ese signo. De septiembre del 2016 a febrero del 2017 estamos apenas entendiendo cómo se siente tener ese planeta de la expansión en la zona Libra de nuestra carta, y cómo nuestras relaciones están pidiendo más de nosotros o sentimos que queremos más de las relaciones.

Luego Júpiter empieza a retrogradar de febrero a junio y ese es el momento de integración. Es cuando empezamos a cuestionarnos si nosotros dejamos que las relaciones crezcan o las saboteamos, si pedimos que el otro crezca mientras nosotros nos quedamos igual, si nos sentimos abrumados por el crecimiento de una relación mientras nos azota la sensación de que el YO individual está achicándose. Las dudas sobre relaciones se trabajarán y resolverán en el periodo de retrogradación, que será vital para aprovechar el tránsito.

Coincidencialmente, mientras Júpiter retrograda en Libra, que es el signo de las relaciones, Venus —que rige ese signo y representa armonía en relaciones, atracción y el valor propio esencial para compartir con otros— también empieza a retrogradar en Aries, el signo opuesto a Libra, el signo del YO. Venus solo retrograda de marzo a abril, pero como no es una retrogradación común que tenemos todos los años, nos afecta notablemente en nuestros gustos, en cómo nos la llevamos con otros, en nuestra valoración personal. Mientras Venus está retrógrada cuestionándonos qué queremos, quiénes somos, cuánto nos valoramos y qué nos gusta, también se opone a Júpiter, el señor de la expansión, que está tratando de hacernos comprender qué queremos en las relaciones. Pueden imaginar entonces que tendremos un *bootcamp* en las relaciones. Las dudas con el otro son principalmente asuntos a resolver en la relación con nosotros mismos.

No teníamos energía similar desde el 2009 y 2010, cuando Saturno (planeta de los límites), al pasar por Libra, también nos puso en cintura en nuestras relaciones. Luego en el 2014 y 2015 tuvimos eclipses Aries-Libra, donde la mano del destino nos juntó o separó de personas que nos enseñaron mucho. Sin embargo, este patrón Venus en Aries *vs.* Júpiter en Libra, más que "destino", es elección personal de trabajar en nosotros y en una relación pendiente o no, y lo mejor será hacerlo, ya que al evadir la lección repetiremos el patrón y no podremos apreciar todo lo bueno que Júpiter en Libra tiene para darnos de junio a octubre ni podremos aprovechar su paso a Escorpio, que es el signo de la entrega y la inversión. Tal como les dije en la introducción, son como materias a cursar para poder pasar al siguiente nivel.

Aparte de ese patrón breve, Júpiter en Libra también tendrá…

- *Cuadraturas a Plutón en Capricornio:* una cuadratura es un ángulo de 90 grados que implica que una tensión interna tendrá la tendencia a estallar. Estas cuadraturas se presentan fuertes al final de noviembre del 2016, final de marzo del 2017 e inicios de agosto del 2017. Estas cuadraturas cardinales se tratan de "el problema de liderazgo" en el sentido de que, si estás muy centrado en ser significante, en ser el jefe, no hay espacio para otro que sea tu igual, sino para "súbditos", y eso no es una relación justa. Claro que este patrón también crea conflictos si trabajas para un jefe que siempre se impone y en realidad es una desconexión de tu poder personal y por eso aparecen ese tipo de personas en tu vida, así que en las tensiones podrás hacerte consciente, integrar la lección, darte cuenta de si tú has permitido eso y ver qué puedes hacer para confiar más en ti y conectar con tu poder personal.

Estas tensiones pueden afectar las relaciones por asuntos de dinero, pero al final, con una manifestación u otra, nos están llamando a todos a balancear las cosas, a balancear también la energía femenina y masculina, a dejar de glorificar el estar siempre ocupados y dar atención a nuestras relaciones, que son las que enriquecen nuestra alma.

Puedo resumir estas tensiones como "buscar justicia en las relaciones" y para crear esa justicia, debes empezar por la relación que tienes contigo mismo.

- *Sextiles a Saturno en Sagitario*: un sextil es un ángulo de 60 grados y es positivo, pero no es energía regalada, sino un anuncio de que está disponible y podemos trabajarla. La alianza entre Júpiter (planeta de la expansión) y Saturno (planeta de la estructura), ambos en signos que tienen mucho que ver con asuntos legales, contratos, matrimonios civiles, asociaciones, nos ayuda a crear planes sólidos con nuestro socio y/o pareja. Nos ayuda a aprender a confiar en otro, a relacionarnos con libertad, a no tener la intención de obligar o manipular a otros para que asuman responsabilidades. Es más algo como "funcionamos y nos dejamos ser, por eso nos unimos y es una relación sólida".

Este sextil también incrementa las negociaciones a distancia, apertura de franquicias y leyes que protejan contenido, nuevas situaciones que estaban sin amparo legal, leyes de inmigración o justicia para los que son considerados fuera de ley o extranjeros.

- *Oposiciones a Urano en Aries*: una oposición es un ángulo de 180 grados. Prácticamente, Júpiter podría ver de frente a Urano en Aries, como dos personas sentadas una frente a la otra en una mesa. Esta oposición pone en una esquina a Júpiter, que quiere que aprendamos a través de las relaciones. En la otra, a Urano, que es el rebelde que quiere defender la individualidad. Esta energía estuvo fuerte a mitad de diciembre del 2016 y estará fuerte al inicio de marzo, que es justo cuando Venus (planeta de las relaciones) empieza a retrogradar. Toda esta energía junta se trata de lo que ya les he comentado: si la finalidad de Júpiter en Libra es aprender de nuestras relaciones, tenemos que empezar por la que tenemos con nosotros mismos. Muchos entran en relaciones sin conocerse realmente (a sí mismos) y es cuando las idealizaciones, expectativas y opiniones de otros afectan la unión. Estas oposiciones sacan el verdadero YO y quienes resuenan igual se acercan, los que estaban contigo por la fachada que tenías, seguro sin querer, verán en ese momento si son compatibles o no.

Sé que leer esto puede dar miedo, pero ¿de verdad quieres relacionarte con la fachada de alguien, o con quien esa persona es de verdad? ¿Te has dado cuenta de que los estereotipos, la presión social y cultural nos hacen creer que queremos cosas que en verdad no queremos, o nos llevan a editar quien en verdad somos? Mejor sentir que nos damos la libertad de ser y empecemos a relacionarnos con quienes entienden la canción de nuestra alma.

Saturno en Sagitario

Saturno en Sagitario es "trabajo hoy, libertad mañana". Hablando con un poco más de profundidad, Saturno es el planeta de la estructura y entró en Sagitario por primera vez en 29 años al final del 2014 para quedarse hasta el final del 2017. Pero como Saturno retrogradó en el 2015 y reingresó a Escorpio, podríamos decir que está en Sagitario "oficialmente" desde septiembre del 2015, que fue cuando seguro lo empezaste a sentir. ¿Cómo? Saturno en Sagitario se siente como la restricción de libertad que tienes hasta que te hagas responsable de lo que quieres. También como la falta de "suerte" que solías tener en tus planes descabellados. Has aprendido a planificar, a dejar de exagerar y derrochar, a ser directo, a no jugar ni saltarte pasos en lo que tiene que ver con asuntos legales, visas, permisos de trabajo, mudanzas, franquicias, mercadeo, universidades y certificaciones.

A nivel colectivo, Saturno ha traído cambios en cuestión de migración de personas de un país a otro, la búsqueda de leyes que los amparen, a personas fanáticas de sus creencias y la búsqueda de crear estructuras derrumbando otras.

Reitero lo que dije al iniciar esta sección: el trabajo más duro con Saturno lo hicimos en el 2016. En el 2017, este planeta tiene tensiones que pasan rápido, pero sus patrones son positivos.

Veamos...

- **Sextiles a Júpiter en Libra**, que ya cubrí unas páginas atrás.

- **Trinos a Urano en Aries**: estos trinos de fuego ponen en contacto la energía de libertad que trae Sagitario y la de liberación, que es típica de Urano. Si bien la naturaleza de ambos planetas parece opuesta, como trabajan en colaboración, se trata de superar creencias limitantes, trabajar colectivamente con el cambio radical de consciencia que empezó en el 2012 y empezar a construir con base en eso.

Para que entiendas mejor...

En serio, cada año es como un grado en el colegio que no podemos perdernos para salir mucho mejor en el nivel que viene. Verás: en el 2012 Urano (revolución) empezó un patrón energético con Plutón (transformación), que duró hasta el 2015. Ese patrón fue largo, así que es un patrón de era que cambia la generación.

Ese patrón se trató de la liberación (Urano) de la mente/consciencia (en Aries) en cuestiones de poder y liderazgo (Plutón en Capricornio). Como consecuencia, personas que jamás pensamos que dejarían el poder, renunciaron o murieron, muchos países se rebelaron contra el gobierno y tú aprendiste mucho más de cómo funciona tu cuerpo, incluso en temas de astrología dejaste de conformarte con saber solo tu signo solar. Gracias a esa tensión de era, muchos despertamos, rescatamos tesoros del pasado en cuanto a alimentos, cuidado propio, conectamos con nuestro poder personal, salieron muchos trabajadores independientes que ya no quieren encima un jefe.

Aunque la cuadratura Urano *vs.* Plutón se acabó, estos planetas aún están en esos signos desde donde "discutieron". Urano sigue en Aries, Plutón sigue en Capricornio, y esto es importante que lo sepas porque darán función en julio del 2017.

Ahora, de vuelta al tema de Saturno en Sagitario en trino a Urano... tienes que entender que ese despertar de consciencia ahora conseguirá estar avalado por leyes o entidades, lo que se traduce en nuevas disciplinas en las universidades que se adaptan mucho más a las necesidades y talentos de hoy. En tu vida personal, esto se manifestará en atreverte a ir con todo por lo que siempre habías querido hacer, porque ahora te sentirás más seguro con esa decisión, porque has cubierto tus bases y sobre todo porque sabes que quedarte en piloto automático no es vida.

La cuadratura cardinal

Una cuadratura es un ángulo de 90 grados que se crea entre dos o más planetas e implica tensión interna que se manifiesta afuera. Desde el final de junio y durante el mes de julio del 2017, tendremos una cuadratura cardinal completa que se ajusta y desajusta, pero que presiona igual.

Esta cuadratura cardinal completa estará compuesta por:

- Marte (acción), Mercurio (comunicación) y el Sol (esencia/consciencia) pasando por el signo Cáncer, que se trata de estar cómodos con nosotros mismos, superar el pasado, trascender apegos y resolver temas relacionados con la familia, el hogar, la estabilidad y la sensación de pertenencia.

- Júpiter en Libra arrancando directo, indicando que hemos aprendido de nosotros mismos en relaciones pasadas y estamos con ganas de establecernos o unirnos a otro, personal o comercialmente.

- Plutón retrógrado en Capricornio, permitiendo un periodo de introspección para reflexionar sobre nuestro poder personal, también sobre decisiones que pueden cambiar la dirección de nuestra vida, porque tiene que ver con estatus, metas y nuestra definición personal del éxito.

- Urano en Aries, que representa lo importante que es la autenticidad, saber quiénes somos, lo que tenemos para aportar a una relación y al mundo. Urano en Aries es el despertar de consciencia que nos dice "una vez eres consciente no puedes ser indiferente", así que aquello que hemos trabajado e integrado en marzo y abril en cuanto a lo que queremos en una relación debe ir en sintonía con nuestra autenticidad, porque para ese momento debemos haber sentido muy adentro que de nada sirven las fachadas.

Esto será una cuadratura completa, creando cuatro ángulos de 90 grados, tal como mencioné arriba. Aunque no estará exacta entre los pesos pesados del cielo (Urano, Júpiter y Plutón) en este momento, el paso de planetas más rápidos como Marte, Mercurio y el Sol contactando con todos hará que sintamos esa presión interna que requiere acción externa.

Sus manifestaciones generales serán:

- Ahora sí estarás seguro de qué quieres en una relación. Si en la que estás no te sientes bien, representará la tensión de dejarla y volver a empezar.

- Si tienes tiempo en pareja, más que la pregunta "¿a dónde vamos?", habrá un "hay que hacer los cambios ¡ya!".

- No podrás dejar para después asuntos de familia, hipoteca, préstamo o crédito para compra-venta de casa o tendrás que mudarte.

- Habrá cambios en las relaciones familiares y desafíos como mudarte con tu pareja sin que estén casados, aunque tu familia no esté de acuerdo.

- Podrás sentirte listo para iniciar una relación pero al mismo tiempo puede que percibas que es el peor momento posible para hacerlo.

- Podrás sentir que una relación está creciendo a grandes pasos, pero a la vez es posible que sientas que el trabajo está tomando demasiada atención de ti.

- Si eres una mujer que había dado prioridad al trabajo y a la definición de éxito dada por la sociedad, podrás despertar al hecho de que estás sola y que urge hacer cambios para enriquecer tu vida de verdad.

- Habrá regulación de la energía masculina y femenina.

- Habrá mayor apertura a aprender de nuestras relaciones.

- Habrá cambios de planes en cuanto a dónde, cómo y con quién quieres vivir.

- Te atreverás a romper un karma familiar, es decir, un patrón de las relaciones que viste desde pequeño.

- Te atreverás a mostrarle a tu familia quién eres de verdad, no seguir escondiéndote.

- Te atreverás a trabajar un patrón limitante que de alguna manera simbolizaba "casa" u "hogar" para ti, porque es lo que conocías de siempre.

Este será un periodo fuerte, en el que sentiremos que pasa una ola y nos agarra otra, pero ya lo hemos vivido en el pasado, por ejemplo en junio del 2016 cuando tuvimos una cuadratura mutable completa, acción por cuatro puntas que nos despertó a todos y nos estimuló a crear nuevas experiencias. Si piensas en esa época, usa como referencia la situación de que fue todo un mes de una cosa tras otra. Aquí la gran diferencia es que esa cuadratura fue mutable, nos llamaba a adaptarnos. Esta cuadratura es cardinal, nos pide ser líderes de nuestra vida y tomar la decisión de hacer cambios. Nadie más puede hacerlo por nosotros.

Pero no temas. Así como ocurrió en el 2016, del que salimos con más certeza acerca de lo que queríamos, sazonamos nuestras vidas un poco más y nos abrimos a cosas nuevas, esta cuadratura cardinal tiene como meta dejarnos estables, en una buena relación y entendiendo que nuestro trabajo principal es estar bien.

Así es: trabajar por sentirte bien es el mejor trabajo que puedes dar al mundo, porque lo que sea que hagas en tu vida se beneficia de tu amor propio, de sentirte estable, de tener buenas relaciones y de saber que lo has ganado gracias al despertar de consciencia y de prestarle atención a tus necesidades.

LO QUE **NO** FUE
PERO SE **ALIGERA**

La diferencia entre que un patrón sea fácil o difícil no depende del patrón en sí, sino de tu perspectiva. En julio del 2016 tuvimos muchos "uranazos". Ese fue el nombre que le di a una serie de alineaciones al planeta Urano, que representa sorpresa, revolución, cambios radicales y despertar de consciencia. Muchas personas lo tomaron como algo negativo, pero es liberador ver las cosas como son, superar apegos, despertar ante nuestros procesos y apagar el piloto automático. El resultado fue "tengo que crear nuevas experiencias", y lo hicimos. Eso siempre enriquece nuestras vidas.

Este año, en junio y julio, volvemos a tener "uranazos", pero esta vez, con tanto entrenamiento en Aries de parte de la retrogradación de Venus en marzo y abril, estos pueden ser realmente liberadores en cuestión de relaciones, compromisos y trabajos que no queremos. Esos "uranazos" pueden incluso ponernos las pilas para liberarnos de deudas que al fin resolveremos pagar.

Lo otro que está mucho más ligero este año es el tránsito de Saturno, que en el 2016 tenía puras tensiones, por la cuadratura mutable, también conocida como la cuadratura en T. Ahora que tendrá sextiles a Júpiter y trinos a Urano, será más fácil trabajar con este planeta de la estructura, la sana restricción y los límites que nos cuidan.

También puedo decirles que los eclipses de este año son mejores que los del año pasado. A ver: todo eclipse es un llamado al propósito. Si estás trabajando con tu razón de encarnación, los eclipses encienden el tren y

FÁCIL EN EL 2016
EN EL 2017

vas rodando, pero si no estás donde tienes que estar o haciendo lo que has venido a compartir, te halan a tu carril. La diferencia entre los eclipses del 2016 y los del 2017 es que los del año pasado coincidían con la cuadratura mutable, así que hubo un tema que se sintió eterno, un asunto a trabajar que se repitió una y otra vez para no evadirlo y no caer en negación o con ego de víctima una vez más. Fue como tocar una herida mil veces, hasta que decidimos sanarla.

Los eclipses de este año son en Leo y Acuario, que tienen que ver justo con el propósito de encarnación: la profesión que te hace sentir feliz y creativo, sentir que fluyes con tu genialidad y que no tienes que censurarte. Cada eclipse nos libera un poco más, pero también nos cambia de ambiente circundante, amigos o proyectos, si en los que estamos no nos conviene estar.

Dicho de otra manera, los eclipses del 2016 fueron de sanación y limpieza (y tal cual, la manifestación colectiva fue *wellness*, más *life coaches*, gente más interesada en sanación espiritual, en retiros, en sentirse bien. Dejamos de ver el *fitness* como lo importante y lo cambiamos por salud y bienestar). Los eclipses del 2017 son un llamado a volver al parque de juegos, a que salga el niño interno, a la autenticidad, a unirnos a personas con quienes compartimos intereses similares, a la libertad en las relaciones, a honrar nuestra luz y no usarla para sostener oscuridad.

Antes que nada, debes saber que…

- Los eclipses de luna llena representan finales. También implican la salida de energía femenina o de una mujer de nuestras vidas.

- Los eclipses de Sol siempre se dan en luna nueva y representan inicios, pero para que el inicio se dé, debe haber salida de energía masculina o de un hombre de nuestras vidas.

- Cuando digo "salida de energía femenina", puede ser un cambio en cómo una mujer se ve a sí misma, o la ruptura de un patrón emocional "heredado" de su madre o de las mujeres de su familia.

- Cuando digo la salida de energía masculina, puede que salga un hombre, pero para una mujer también puede representar la "salida" de energía masculina que estaba más alta que la femenina y le impedía tener buenas relaciones con hombres.

- Los efectos de los eclipses se dan a seis meses. Aunque la temporada de eclipses es cuando sentimos estos efectos de manera muy fuerte, el resultado del evento lo vemos seis meses a partir de que ocurre.

ECLIPSES

Este año tendremos cuatro eclipses:

1. **Eclipse penumbral de luna llena en el grado 22 de Leo el 10 de febrero**

   Este eclipse se da en sextil a Júpiter retrógrado en Libra en trino a Urano en Aries. Es el momento de ser creativo, reinventar una relación, o atreverte a salir con personas diferentes a tu tipo. Si una relación te frena en vez de impulsarte, estará pasando por una revisión.

   Este eclipse se da cerca del Nodo Norte, pero este punto matemático de la evolución estará aún en Virgo para ese momento. Con esto lo que quiero decir es que aunque la sensación sea de ajustes decisivos en nuestras relaciones, porque estamos en la búsqueda de liberación para ser auténticos, lo que suceda no es un final como tal, porque aún no se da tan cerca del punto matemático del karma.

   Los signos más afectados por este eclipse serán Leo, Acuario, Aries, Libra, Géminis y Sagitario.

2. **Eclipse anular de Sol en el grado 8 de Piscis el 26 de febrero**

   Un eclipse anular tapa casi todo el Sol y deja solo un anillo de fuego. Es bastante potente y este de febrero lo es en particular porque es el último de la serie Virgo-Piscis, cuya energía es de limpieza, sanación, salud y cambio de hábitos allí donde está el signo Virgo en nuestra rueda zodiacal. Este eclipse augura un gran comienzo al haber sido capaces de dejar atrás la negación de nuestro potencial y la creencia de que no somos suficiente, por eso no nos atrevíamos a hacer cambios. Ahora no queda duda de que ese ego de víctima está perdiendo fuerza y nos atrevemos a envisionar un nuevo futuro.

   Este es un eclipse de inicios y tiene un *stellium* en Piscis. Regálate una nueva vida. Impulsa tu proyecto creativo. Conecta con tu propósito. Lo que empieza ahora te unirá más adelante con tu razón de encarnación. Se darán relaciones o asociaciones que serán muy importantes para ti.

Los signos más beneficiados por este eclipse serán Géminis, Virgo, Sagitario y Piscis.

3. **Eclipse parcial de luna llena en el grado 15 de Acuario el 7 de agosto**

Aunque es el primer eclipse dentro de la serie Leo-Acuario, ya que los Nodos del karma están oficialmente en estos signos, este eclipse toma como referencia el que tuvimos el 18 de agosto del 2016. Para ese momento, les hablé mucho sobre el cambio de ambiente circundante, cambio de amistades, el despertar del interés por actividades que siempre te habían llamado la atención pero no habías hecho nada para experimentarlas y, en consecuencia, como te has atrevido a hacerlo, ahora tienes otra visión del mundo y nuevas personas con quienes la compartes.

Para ese eclipse también mencioné cómo esta serie cambiará las relaciones, ya que Acuario representa el amor elevado, el que no obliga, el que se mantiene gracias a la libertad y autenticidad de las personas. No se trata de que ya nadie va a casarse, o de que nadie se comprometerá. Se trata de ser esposos y amigos, fomentar el crecimiento del otro, ayudarnos a explorar y experimentar cosas nuevas. Este cambio puede no caerle bien a las personas más inclinadas por lo tradicional, o a quienes gustan de relaciones de dominio o con la sensación de posesión. Esta energía muestra las grietas en relaciones donde uno de los integrantes está creciendo y el otro quiere quedarse igual. Por esto también es que este año es un *bootcamp* de relaciones, y así como la ciencia y tecnología han avanzado, también lo ha hecho nuestra consciencia a pasos agigantados y querremos conectar con más personas, tener libre expresión y que nos amen en libertad.

Este eclipse de conclusión emocional se da con el Sol en conjunción a Marte en inconjunción a Plutón, que sigue en cuadratura a Libra. Un buen momento para soltar y liberarnos activamente de relaciones y situaciones que no aportan. El final de un proyecto o el resultado que recibes puede no dar lo esperado en cuestiones de dinero, pero más de lo que pensaste en cuestiones de aprendizaje.

4. **Eclipse total de Sol en el grado 28 de Leo el 21 de agosto**

Este eclipse es total, es un gran evento para las zonas donde será visible. Si bien la oscuridad total que cubrirá el Sol será de 40,2 segundos, los efectos serán bárbaros para la tierra, para nosotros como seres humanos. Llama mucho la atención que se dará en el signo Leo, que es de hecho el signo del Sol y representa el ego. Cercano a esta fecha sabremos de personas en el poder —sobre todo hombres— que dejan esta experiencia humana o que renuncian a su cargo.

Cada quien debe chequear la zona Leo en su rueda zodiacal para poder determinar dónde estará dejando atrás "el viejo ego" o el "yo continuo". Para que entiendas mejor, te explico que el ego es la historia que nos contamos sobre el personaje que interpretamos. Cuando el ego nos limita porque pensamos que esa historia es todo lo que somos, que no podemos mejorar o que no tenemos el poder de cambiar, es cuando el ego nos usa. Deja de ser una manera de identificación, y se vuelve total limitación. Eso es lo que estará removiéndose con este eclipse y se trabajará hasta el eclipse total de Luna que tendremos en Leo en enero del 2019.

No temas, este eclipse es positivo si entiendes que varias de las etiquetas que te habías puesto caen y te liberan para ser todo lo que puedes ser. Este eclipse de luna nueva se da con un *stellium* en el signo Leo. Aunque Mercurio retrógrado sea parte, es el inicio de un ciclo de compromiso con noso-tros mismos para trabajar en el proyecto creativo que nos mueve, pero al que no le hemos dado chance. Una relación puede volver a encender las llamas también.

MERCURIO

Como en el año pasado, en el 2017 Mercurio retrogradará cuatro veces:

1. **Entre Capricornio y Sagitario del 19 de diciembre del 2016 al 8 de enero del 2017**

   Este Mercurio retrógrado empezó el 19 de diciembre del 2016 cuando Mercurio estaba en el grado 15 de Capricornio, trabajando los planes para el Año Nuevo, ya que este es el signo de las resoluciones y planes a largo plazo. Estará retrogradando hasta el 8 de enero, cuando arranca directo en el grado 28 de Sagitario, es decir, se ha devuelto al signo de los grandes planes que después concretaríamos en Capricornio.

   En español: grandes planes que envisionaste para este año desde el primero de diciembre del 2016 tendrán que ser revisados por falta de dinero, sentido común, realismo sobre tus recursos, disposición y tiempo. Esto no quiere decir que no manifestarás lo que quieres en el 2017, sino que debes tener un plan estructurado que te permita hacerlo de manera práctica, en vez de hacerte expectativas o quemarte trabajando de manera desorganizada. Una vez que Mercurio esté fuera de sombra el 27 de enero, tendremos luz verde para empezar esos proyectos ambiciosos, contratar e ir estratégicamente a paso firme por esas metas.

RETRÓGRADO

2. **Entre Tauro y Aries, del 9 de abril al 3 de mayo**

Esta retrogradación se da un poco antes de que se arme la cuadratura cardinal que, entre muchas de sus manifestaciones, será para trabajar y resolver asuntos de hogar, familia, sustento, compraventa. Cae como anillo al dedo que Mercurio nos ponga el freno en cuestiones de dinero, porque empieza a retrogradar en Tauro, y esa tensión sin duda nos hará más conscientes sobre hábitos de gastos, recortes necesarios y mejor organización. Que Mercurio en su retrogradación regrese a Aries, que será uno de los signos más calientes en el *bootcamp* de relaciones, quiere decir que este plan de recorte afecta a las parejas. Puede que empieces a reconsiderar tu valor en una relación personal o comercial y ahora tengas dudas sobre si quedarte o no en la relación. Sería con la cuadratura cardinal en junio y julio que resolverás si esta tiene potencial para toda la vida. Por lo emocional que se desprende del valor material, esta es una de las retrogradaciones más difíciles y sentirás que es una continuación de Venus retrógrada: trabajarás el mismo tema de estar o no en pareja, de quién vale la pena, de si estás siendo valorado o no y cómo esas situaciones son un reflejo de tu relación contigo mismo.

Mercurio empieza a retrogradar el 9 de abril en el grado 4 de Tauro y arranca directo el 3 de mayo en el grado 24 de Aries (Venus aún estará retrogradando para ese momento). No será sino hasta después del 20 de mayo que estaremos fuera de sombra para tomar decisiones con base en nuestro valor personal, o para hacer una compra o inversión.

3. **Entre Virgo y Leo, del 12 de agosto al 5 de septiembre**

Esta retrogradación coincide con la temporada de eclipses y de hecho es parte del eclipse de Sol en Leo del 21 de agosto. Este es un Mercurio retrógrado que vas a agradecer. Será una temporada de grandes cambios, más que todo positivos, pero cambios al fin que piden no solo el *shift*, sino progreso, y querrás tomarte con calma la consideración de lo que dejas atrás y lo que asumes de ahora en adelante. Para esta época habrá cambios de estilo de vida que van de la mano con una nueva elección de trabajo/profesión o con el inicio de un nuevo amor, y Mercurio nos ayudará a tomarnos las cosas con calma.

Ahora, en cuestión de viajes, este Mercurio sí puede ser un dolor de cabeza para quienes se disponían a disfrutar de sus vacaciones. Una vez que pasemos el 19 de septiembre tendremos luz verde para planes, viajes, anuncios y más. Quizá sea una buena idea planificar tus vacaciones después de esta retrogradación.

4.   **En Sagitario, del 3 al 22 de diciembre**

Esta es la única retrogradación de Mercurio en el 2017 que se da completa dentro de un signo (Sagitario) y coincide con el momento en que Saturno (planeta de los límites y estructuras) deja ese signo para irse a Capricornio. Cuando Saturno cambia de signo hay cambios estructurales, grandes entregas de proyectos, puestos, cierre de ciclos profesionales. Parece que Mercurio llevará toda nuestra atención al detalle, a terminar lo pendiente y asegurarnos de que las decisiones que tomemos estén bien pensadas; un mismo planteamiento puede ponerse sobre la mesa varias veces. Aún con los cambios en cuestión de trabajo, mudanzas o cambio de profesión, lo mejor es comunicar nuestras decisiones después del 10 de enero del 2018, que Mercurio estará fuera de sombra. Aunque internamente estemos claros con la dirección que vamos a tomar, habrá información de otros que necesitaremos y que no llega hasta que lleguemos nosotros al siguiente año.

Ya que has leído sobre lo que trae el 2017, sabes que el amor es el tema más importante del año debido a varios aspectos: a) el tránsito de Júpiter por Libra, que es el signo de las relaciones, b) la retrogradación de Venus, que es el planeta de las relaciones, c) la cuadratura cardinal, que nos hace buscar estabilidad, enciende las ganas de crear un hogar y d) los eclipses que se dan en signos que tienen que ver con el corazón, con lo que nos mueve, lo que nos une, lo que nos enciende.

Indagando un poco más en cada uno de estos asuntos y también siguiendo el orden cronológico, explico:

Un cambio en las relaciones estaba anunciado desde el eclipse del 18 de agosto del 2016, que se dio el mismo día de Tu B'Av (el San Valentín judío). ¿Y saben por qué esto se celebra siempre con la luna llena de Acuario? Porque San Valentín es la celebración de la conexión que nace de los intereses que compartimos. Es importante que seamos amigos de nuestra pareja, que le demos espacio para crecer, que respetemos su individualidad, que entendamos que el amor no es apego, posesión ni dramas —eso es ego, que nos han vendido como amor, al punto que si una relación se da de manera fluida no nos lo creemos.

AMOR

Un mes después de ese eclipse, cuyo efecto es de seis meses, Júpiter (planeta de la expansión) entra en Libra y lo primero que propone es que tengamos una idea más grande de lo que significa una relación. Muchas personas presentan ideas limitantes de lo que es, o de qué "tiene" que dar la otra persona, o de la edad ideal para sellar una relación, o consideran que si llevan muchos años juntos "tienen" que formalizar ya... y bueno, eso sin contar que aún hay personas que tienen la idea de que la única relación es entre hombre y mujer, o que es solo de a dos (cada vez son más las relaciones de tres y aquí no estamos para juzgar, sino para observar cómo es una tendencia muy marcada ya en varios países), o que es el hombre el que debe proveer, o que la mujer que provee debe sentirse culpable. Todas son ideas que alimentan el ego y nos las venden para mantenernos uniformados, pero con tanta estimulación es difícil que sigamos con una venda. Y les repito: esto no quiere decir que no habrá más relaciones convencionales, pero ustedes mismos pueden constatar, por ejemplo, que la escena de los solteros ha cambiado mucho debido a la tecnología y a la globalización. Antes pensabas que solo podías salir o intercambiar ideas con alguien de tu ciudad, ahora sabes que puedes hacerlo con alguien que está en otro huso horario. Tienes claro que algunas de esas conexiones son románticas, y que otras son platónicas porque te estimulan intelectualmente. Como ves, para relacionarnos ya no hay barreras externas, pero miles de barreras internas continúan limitándonos, y esto se ve incluso en las leyes de muchos países.

Esto continúa en evolución gracias a los contactos entre Júpiter en Libra, Saturno en Sagitario y Urano en Aries.

El eclipse en Acuario de agosto del año pasado nos enseñó de manera colectiva que queremos una relación más consciente, y aunque hay miles de peces en el mar no son muchos los que pueden ofrecer ese tipo de conexión en la que hay libertad e intimidad. Y bueno, ese tipo de conexión la ofrece alguien que está seguro de sí mismo, y de ponernos a trabajar en eso se encarga la retrogradación de Venus que va de marzo a abril.

Otro punto a favor es que Júpiter en Libra incrementa el deseo en las personas de tener una relación estable y, por muchas tensiones que cause la cuadratura cardinal en junio y julio, esto nos ayudará a valorar lo importante de tener un hogar, una base, personas en quienes confiar, iniciar familia. Júpiter en Libra también trae de vuelta el romance, la regulación entre energía femenina y masculina, y la sensación de que después de años de salir con muchas personas, hemos encontrado a alguien que nos da balance.

Venimos de muchos años donde lo más importante era la tecnología (Urano en Aries), el poder o la glorificación de estar siempre ocupados (Plutón en Capricornio). Sin embargo, a partir de este año, las alineaciones nos inclinan a buscar ser una buena persona antes que buscar ser un buen empresario, a entender que somos seres humanos y no "haceres" humanos, a querer sentir. Esto último se hará cada vez más evidente al acercarnos a octubre, que será cuando Júpiter entre en Escorpio (entrega y la pasión). Entonces no querremos relaciones vacías, ni para llenar un papel o cambiar de estatus, querremos algo real y a lo largo del 2017 lo estaremos buscando, luego entenderemos y empezaremos a trabajarlo de adentro hacia afuera.

Por último, los eclipses en Leo y Acuario tienen mucho que ver con ser auténticos y vibrar más alto. Estarán removiendo miedos, vieja programación y capas que nos limitaban a ser todo lo que podemos ser. Y cuando entendemos qué nos hace brillar en este mundo, la llama crece y atraemos mucho más.

Los signos que tendrán una vida amorosa más activa son Aries, Libra, Leo, Acuario, Virgo y Piscis.

LAS
TENDENCIAS
MUNDIALES

Las tendencias mundiales más relevantes con las alineaciones de 2017 son:

- **Regulación de la información**

  En este momento en las redes sociales pareciera que todo el mundo es especialista en algo. En el 2017 veremos una limpieza de eso y quedará claro en cuáles voces podemos confiar. Aunque la tecnología no pare en su avance, las personas estarán más juiciosas al escoger a quién seguir o no.

- **Regulación de leyes migratorias**

  Los traslados de personas de un país a otro continuarán, ahora principalmente por la búsqueda de mejores condiciones de vida, y sí, en búsqueda del amor. Las leyes que muchos países tienen actualmente en estos temas tan delicados se quedan cortas en cuanto a la consideración de la dignidad humana, pero ahora Júpiter trabajando con Saturno y Urano coincidirá con un gran cambio que de hecho viene sugerido por personas de autoridad.

- **Regulación de leyes que protejan diferentes tipos de relaciones**

  Ya van muchos estados y países que aceptan la unión de homosexuales y respetan sus derechos. Recientes sucesos demuestran que hace falta mucho más que un reconocimiento, hace falta educación y respeto. Este año, debido a los patrones de Júpiter, veremos mucha más aceptación en estos temas.

- **Regulación de leyes de igualdad laboral entre mujeres y hombres**

Veremos un avance en la unificación de salarios para ambos sexos trabajando en los mismos puestos. Si bien este es un asunto que ha avanzado poco a poco, hace falta mucho trabajo aún. El contraste de este año con los pasados será enorme.

- **Más unión entre las mujeres**

En los últimos años las mujeres estaban compitiendo ferozmente unas con otras. Este año veremos más colaboración, unión y defensa conjunta de ideales que garantizan lo que necesitan, de leyes que amparen el reconocimiento de su poder personal sin temor a verse vulnerables. La energía femenina estará en alza y habrá más mujeres seguras de sí mismas después de la retrogradación de Venus.

- **Surgimiento de nuevas carreras en las universidades**

Estas tendrán que ver con las necesidades de la nueva generación. Lo que por mucho tiempo solo era considerado un *hobbie* ahora podrá darte un título y abrirte más puertas en el mundo laboral.

- **La búsqueda de *down time***

Las actividades que apoyen la reconexión con nosotros mismos y nos den un espacio de creatividad y creación nos serán muy atractivas. Las personas estarán viajando mucho más que antes y la tendencia será poder hacer su trabajo desde cualquier parte, en vez de seguir trabajando en un ambiente cerrado o de estrés.

- **Más sistemas interactivos**

  La televisión, la información que recibimos a través de medios y cosas que quizá no puedo ver porque no se han creado, buscarán integrar al cliente, a la audiencia, a todo lo que se comunica y acontece en el mundo. Sentirás que eres un igual, que eres parte de algo.

NUESTRO APORTE AL MUNDO

El aporte al mundo está pautado por el cambio de Nodos este año, que se dará el 27 de abril. Hasta entonces, los Nodos estarán en Virgo (hábitos, salud y cuerpo) y en Piscis (espiritualidad) marcando los temas colectivos según su energía: antes de empezar esta serie de eclipses, muchos relacionaban salud con el *fitness* o rutinas que dejaban poco descanso al cuerpo o que no tomaban en cuenta lo importante que era también el entrenamiento emocional. Los Nodos en estos signos nos orientaron más hacia la salud y el bienestar, hacia "nutrirnos" en vez de buscar "estar en forma", hacia hacernos conscientes de todo lo que le damos a nuestro cuerpo, a cuidarnos para garantizar que podamos cumplir nuestro propósito. Muchas personas también aprendieron a administrar su energía y otras lograron dejar grandes adicciones, ¿no es cierto?

Si notan que así sucedió, que no les quede duda de que los Nodos en Leo-Acuario este año nos orientarán a trabajar en lo que amamos, a vivir guiados por la experiencia y no por la referencia de otros, a atrevernos a brillar con nuestra esencia auténtica y a quitarnos caretas. También nos orientarán a interesarnos por situaciones sociales en las que podemos hacer una diferencia, a reconocer que todos somos una misma energía y que, cuando caemos en el ego de víctima y no damos nuestro aporte, estamos privando al mundo de nuestro grano de arena... ¿Se atreven a participar?

RESUMEN DEL AÑO

Enero: Recordando por qué empezamos

Usualmente, enero se siente con energía de estreno, pero tener a los planetas personales en situación de reflexión más bien nos da un inicio de año que nos verá recordando todo lo que fue el 2016, lo mucho que trabajamos la cuadratura en T y dándonos ánimos internos para mantener el nivel de energía y avanzar.

Que Venus y Marte estén en Piscis en este momento indica que aún estamos soltando lo que debió quedar atrás. Que Mercurio esté retrógrado (aunque despierta pronto) indica que nos estamos regulando a nivel de inversión mental, que nos estamos organizando con calma y tomándonos el tiempo de repasar las cosas antes de iniciar los nuevos proyectos.

Tú puedes ser de los que están yendo con calma para empezar bien o de los que están confundidos y no saben por dónde empezar. Seas de un grupo o de otro, los eventos lunares a mitad de mes te impulsan a empezar cosas nuevas, aprovechar las bases que has creado y refrescar lo que ya tienes andando.

Por eso, no es un mal inicio. Es un inicio con calma, reflexión, apreciación y madurez... Porque has hecho mucho para llegar hasta acá y aún falta mucho más.

Febrero: Reinventando nuestras relaciones

Bueno… El mes de San Valentín tenemos mucha acción en cuestión de relaciones.

Si lo recuerdan, en septiembre del año pasado Júpiter entró en Libra, en un tránsito de un año que nos ayuda a crecer gracias a las relaciones y asociaciones. Míralo así: las relaciones son nuestros verdaderos gurús. Para mejorar nuestras relaciones, tenemos que mejorar la relación que tenemos con nosotros mismos, y en ese trabajo estaremos con Venus (planeta que rige las relaciones) en Aries, el signo del "yo, yo, yo". Este estará haciendo amplia oposición a Júpiter, que empieza a retrogradar en Libra. En español: estaremos dándonos cuenta de que somos seres completos en relaciones y asociaciones, que queremos reinventarnos sin perder la conexión con otro, pero que los cambios atentan contra la rutina y la estabilidad.

Menos mal que Urano estará trabajando por encontrar soluciones en esos momentos donde el ego quiere ganar.

Marzo: Lo que será… ¿será?

El mes pasado empezamos un *relationship bootcamp:* por un lado, teníamos lo que uno quiere (Venus y Marte en Aries) y, por el otro, el crecimiento en pareja (Júpiter en Libra). Imagino que para este momento algunos ya están trabajando en encontrar solución a estas ganas de atenderse a sí mismos sin que eso choque con el "nosotros", y espero que sigamos proactivos, porque este mes es decisivo para las relaciones.

Júpiter sigue retrógrado en Libra, así que el trabajo interno en estos temas continúa, pero ahora Venus (planeta que rige el signo Libra y donde está Júpiter) también empieza a retrogradar, y así empiezan a salir las dudas, las preguntas que no queríamos hacernos sobre si esta es la mejor relación/ asociación o no. Te preguntarás si esta te deja crecer o no.

Y no solo eso: Júpiter retrógrado en Libra estará en una cuadratura en T con Plutón en Capricornio y Urano en Aries. En verdad, por más que queramos voltear la mirada y no ver lo que hay que reparar en el estado actual y potencial de la relación, tendremos que hacerlo. Esto es bueno para quienes no se dieron cuenta antes y ahora caen en cuenta de su error, pero difícil para quien empieza a darse cuenta de que es mejor estar solo, tomarse un tiempo y atender la relación consigo mismo.

Abril: Apostando por el crecimiento interno

Venimos de dos meses intensos en cuestión de relaciones y asociaciones. Ya es hora de tomar decisiones. ¿Se quedan juntos? ¿Deciden estar solos? ¿Toman un tiempo aparte?

Con Venus retrógrado reingresando a Piscis, Saturno (estructuras) y Plutón (transformación) empezando a retrogradar, muchos están considerando seriamente apostar por la vía que les permita crecimiento interno y sentir libertad, aunque esta llegue a largo plazo. Esto no representa finales para todos. Para muchos se trata de sincerarse y plantear una manera de relacionarse mucho más auténtica, donde se respire apreciación y libertad. Las relaciones dominantes o controladoras no tendrán lugar en este momento ni en este tiempo. Los patrones en las relaciones están cambiando para siempre. Al final del mes, con Venus ya directo y el cambio de Nodos, habremos tomado la decisión.

Mayo: Compartiendo la nueva versión de ti

No es secreto para nadie que el 2017 es un año de crecimiento a través de las relaciones, las cuales, aunque sean vividas y evaluadas en conjunto con otros, nos enseñan mucho sobre quiénes somos en verdad.

Los últimos meses han sido para prestar atención a nuestra visión individual y evaluar si podemos mantenerla estando asociados o en una relación. Muchas parejas se dieron cuenta de que habían crecido en diferentes direcciones y terminaron o se tomaron una pausa. Bueno… mayo es el mes de los reencuentros.

Ya sea en el amor o en el trabajo, es hora de respirar para darle nueva forma a un proyecto o darle espacio a la individualidad en una relación. En este mes nos escuchamos y estamos con ganas de intentarlo de nuevo, de intercambiar ideas o, en el más intenso de los casos, de terminar, pero de hacerlo bien. Las tareas que traen estas alineaciones son conversar, entendernos, respetar el proceso del otro y aceptar lo que él es hoy y quiere compartir. Muchas parejas y proyectos se beneficiarán de esta pausa, pues después de ella podrán volver a empezar con energías renovadas.

Junio: Estableciendo los nuevos términos de una relación

Seguimos trabajando las relaciones y asociaciones. Mayo fue para reencontrarnos o entender por qué tuvimos que pedir una pausa, escucharnos o terminar. Muchos habrán vuelto a una relación re-energizados, otros lo están pensando, otros están dando nueva vida a viejos proyectos y los que terminaron están empezando a disfrutar su decisión. Junio continúa esta tendencia pero la lleva más allá.

Para empezar, los socios o parejas que regresaron estarán volviendo a crear su relación con muchas ganas y respetando su libertad individual. Están bendecidos por el despertar de Júpiter en Libra. Venus en Tauro aporta estabilidad y centra a las chicas que están buscando sentirse bien para conocer a nuevas personas y no tardarán mucho en hacerlo, ya que el Sol y Mercurio en Géminis estarán en contacto con Júpiter recién directo. Es verdad... los cambios son tan buenos como un orgasmo.

Julio: Todo es diversión y juegos hasta que...

A pesar de que hemos pasado por pruebas en nuestras relaciones, este año ha sido entretenido. Sin embargo, este mes es para atender asuntos muy importantes. Tenemos una cuadratura cardinal completa. Marte y el Sol en Cáncer están en oposición a Plutón retrógrado en Capricornio, en cuadratura a Júpiter en Libra y a Urano en Aries.

Las cuadraturas son tensiones internas que requieren acción externa, y cuando se dan en signos cardinales dejan claro que depender de otros, endosar responsabilidad o esperar no es una opción. Mientras que para algunos esto está relacionado con el tema de parejas (ver si se casan o no, se mudan o no), para la gran mayoría se trata de asuntos de estabilidad, casa, familia, y asuntos privados a atender que están requiriendo mucha atención. Este es un mes para tomarse un día a la vez y tener actitud proactiva en vez de reactiva.

Agosto: Invirtiendo en tus (verdaderas) relaciones

Hay un lema que he aprendido de las personas Leo y se los quiero compartir... "Invierte en tus relaciones". Pero no solo en las relaciones de amor, sino en las relaciones de todo tipo que han demostrado ser importantes.

Me explico: el mes pasado fue difícil astrológicamente, y es en esos momentos en los que nos damos cuenta de quiénes están con nosotros. Agosto es otro mes de contraste. La cuadratura entre Júpiter en Libra (crecimiento a través de las relaciones) y Plutón en Capricornio (poder personal) nos enseña una vez más que es muy importante elegir buenos espejos, invertir en relaciones que valen la pena. Estas relaciones las reconocemos porque nos dan lecciones que nos ayudan a conectar con nuestro poder personal. Unas de estas relaciones duran poco, otras para toda la vida. Sin importar cuál sea el caso, lo importante es el proceso de transformación positivo y constante que sucede cuando nos permitimos abrir la mente, el corazón y aprender del otro.

Este mes también tenemos eclipses, y de la misma manera como los trabajamos en agosto del año pasado, estos nos llaman a sanar el plexo solar y a amar más allá de las condiciones y barreras del ego. Ten la certeza de que los primeros meses del año te prepararon para esto.

Septiembre: Creando una sana estabilidad

Este mes tendremos al Sol, a Marte y a Venus en Virgo creando trinos de tierra con Plutón en Capricornio. Al mismo tiempo, Júpiter (ahora terminando su visita a Libra) continúa en sextil a Saturno y contacta a los Nodos del karma.

En español: las piezas caen en su lugar, estamos con deseos de estabilidad y contamos con claridad para escoger nuestras luchas. Lo que al inicio del año te hubiera molestado en relaciones o en cuestiones personales, ahora es solo un suspiro. Sabes que no te hace bien esconderte, censurarte, no vivir auténticamente ni relacionarte con personas que te llevan a situaciones que te presionan.

Claro que hay responsabilidades, y el mes de septiembre es para encararlas, pero cuando hemos tomado buenas decisiones, estas labores son elecciones, no obligaciones, y nos gustan porque son parte del paisaje que estamos creando, la vida que estamos construyendo... un ladrillo a la vez.

Octubre: De la forma al fondo

Hay una buena razón por la que a Libra le sigue Escorpio, o porque a la casa de las relaciones le sigue la casa de la intimidad. Te explico: así como un contrato tiene forma y fondo, tus relaciones también. La primera parte es cuando empezamos a relacionarnos, pero aún no nos hemos desnudado (y no lo digo en el sentido literal). La segunda parte es cuando ya nos entregamos. En este punto, mantener una pose para vernos bien o censurarnos no tiene sentido.

El nivel de forma lo hemos trabajado hasta el cansancio este año, pero a partir de ahora se inicia un periodo de 12 meses de fondo, de inversión, de entrega. No solo el mes empieza con la unión de los amantes cósmicos frente a Saturno (a ver si nos dejamos de juegos y nos comprometemos ya), sino que también tenemos a Júpiter (planeta de la expansión) entrando en Escorpio (signo de la pasión y la transformación).

Así como tuvimos un año para entender que las relaciones son nuestro gurú, ahora empieza un año para aprender y crecer a través de nuestro compromiso y entrega. Esto se pone interesante...

Noviembre: El año aún no se acaba

Este mes tenemos planetas en Libra, Escorpio y Sagitario. El *mood* es de salir, socializar y dar tiempo a nuestras relaciones, pero te recomiendo aprovechar esta energía para negociaciones, ya que Júpiter en Escorpio favorece ese tema, y cuando empiece el 2018 no tardará mucho en retro-gradar. El que tengas ganancias más adelante depende de las conexiones y buenas impresiones que dejemos ahora.

Eso sí… de que es un mes para iniciar relaciones, conocer gente nueva, viajar o abrir tu mente, lo es.

Diciembre: Feliz Saturnalia (¡Felices fiestas!)

Desde hace dos años estamos teniendo estas "Navidades" saturninas en las que la abundancia de regalos o grandes gastos no es lo más típico, sino todo lo contrario. Esta vez también lo viviremos pero no lo digo por cuestiones de dinero, sino de organización y de obligaciones de las que no podemos escapar.

Para empezar, Mercurio empieza a retrogradar en Sagitario y esta no es la mejor energía para comprar regalos, hacer grandes gastos o tener fiestas, a menos que tengas mucha paciencia. Por otro lado, Saturno deja Sagitario y entra en Capricornio, y de una vez se empieza a sentir el peso de lo que debemos hacer por encima de lo que queremos hacer. Muchos tendrán que trabajar y otros querrán estar con sus allegados para empezar muy bien el próximo año.

MIRADA SIGNO

POR SIGNO

A RI

REGENTE
Marte

MODALIDAD
Cardinal

Elemento
Fuego

Gema
Coral

OVER

El 2017 es un año en el que tu concepto de relaciones cambiará para siempre debido a la visita de Júpiter al signo Libra, que dura hasta octubre. En 2009 y 2010 tuviste un tránsito en la zona de socios y parejas que trajo muchas lecciones duras. Este año hay otro tránsito en esa zona, pero esta vez se trata de la visita del planeta Júpiter, que representa expansión, lo que indica que las mejores oportunidades vienen de la mano de otra persona. Pero, por supuesto, tratándose de ti, no vas a asociarte o a casarte sin dar una buena pelea. Lo digo porque como Aries es el signo de la individualidad, y este tránsito se trata de hacer las cosas de a dos, habrá que convencerte… tú no te conformas con la primera persona que se ofrezca, a menos que demuestre que vale la pena.

Si pudiera resumir tu año en una frase sería "las relaciones son tu gurú". El gurú no será un *coach*, un guía, un profesor, un terapeuta o alguien que admiras. Serán las personas con las que estableces relaciones en el 2017. Ellas serán tus "facilitadores" para que aprendas sobre justicia, igualdad,

VIEW

equilibrio y para que te abras al amor, a colaborar desde el corazón y a ponerte en los zapatos del otro. Ningún tránsito en la zona de socios y parejas ha sido tan provechoso como lo será este y hay que tomarlo de esa manera.

Ahora, algo que debes saber: Júpiter entró en Libra en septiembre del 2016, así que es muy posible que inicies el año con una pareja o socio, pero estos son los patrones que creará Júpiter este año junto con la retrogradación de Venus. Esto te llevará a convencerte del potencial de la relación y si, para abril y mayo, te das cuenta de que no es una relación para siempre, igual estarás muy agradecido por las lecciones y más abierto para dejar entrar a alguien nuevo con rapidez. Pero esos serán algunos pocos casos, ya que la mayoría de las personas Aries estarán disfrutando por primera vez en mucho tiempo de una relación que tiene sabor de permanente y si hacen el trabajo de crecer juntos de adentro hacia afuera, será para siempre.

LO QUE HACE TU PLANETA
REGENTE ESTE AÑO

Es importante echar un vistazo a lo que hará el planeta que rige tu signo para saber cómo estarás de energía y en oportunidades de avance. Tu planeta regente es Marte, que permanece seis semanas en cada signo, y en dos años le da la vuelta al Zodiaco. En el 2016, por ejemplo, Marte retrogradó y eso hizo de ese año uno en el que las cosas se movieran muy lento para ti, sobre todo en temas de crecimiento, expansión, viajes, universidades, títulos, certificaciones, asuntos legales o romance a distancia. De hecho, algunos procesos se cayeron, muchos Aries tuvieron que terminar una relación por diferentes agendas o tuvieron que esperar para lograr el permiso de trabajo o terminar la universidad, lo que tomó —en la mente ariana— años.

Quería explicarte eso para que vieras que seguirle el paso a tu planeta nos da una buena idea de cómo transcurre el año, y por eso estarás complacido de saber que Marte este año se mueve sin problemas, este año no retrogradará. Empezará el 2017 en el signo Piscis, llevándote a hacer cambios en tu estilo de vida, hábitos y superación de adicciones y miedos. Estos temas los tocaste en septiembre del 2016, así que puede ser una continuación de eso o la intención de "año nuevo, vida nueva". Ahora será el momento en que finalmente cumplas lo que antes resultó tan difícil.

A lo largo del año, Marte recorre nueve signos, que es bastante, y junto a él estarás trabajando temas como imagen, valoración personal, luchar por tus ideas, iniciarte en un nuevo ambiente o emprender negocio propio. Además trabajarás en lo más importante del año: el amor.

Al final del año, Marte estará por Escorpio, donde también estará Júpiter (planeta de la expansión y oportunidades), lo que nos da la pista de que el 2017 termina con los arianos enfocando su atención en embarazos, cuentas conjuntas, grandes ganancias e inversiones.

Los mejores periodos de marte para ti

- Del 28 de enero al 9 de marzo, Marte estará en tu signo y aunque esto no coincide con Venus en un acercamiento, sí coincide con el momento en que este planeta del deseo y las relaciones empieza a retrogradar y Júpiter desde Libra está en oposición. En español: este es un periodo en el que empiezas a cuestionarte quién eres tú en relaciones o cómo puedes mantener tu individualidad aun estando en una relación. Si hay un momento en el que puedes "rebelarte" porque tienes mucho tiempo en una relación rutinaria, es este, y también sucede que es una de las temporadas en las que más *sex appeal* tienes. Si eres hombre, sin duda lo querrás aprovechar. Si eres mujer, puede que te sientas insegura en cuestiones de amor, pero muy segura en cuestiones profesionales, pues Venus estará retrógrada en tu signo para ese momento. Sin embargo, podrás avanzar en tus planes y hacer un nombre por ti misma.

- Del 26 de agosto al 19 de septiembre Marte estará en Leo, que es tu zona de romances, creatividad y celebrar la vida. En ese momento también estaremos bajo la influencia de un eclipse de Sol en esa misma zona, así que muchos Aries podrán estar conociendo a alguien importante, iniciando una relación o empezando un proyecto creativo en el que van a invertir a partir de octubre y ver resultados materiales en diciembre.

- Del 14 de octubre al 7 de noviembre Marte estará en Libra, el signo opuesto a Aries y la zona de socios y parejas donde Júpiter habrá trabajado todo el año cambiando la idea que tenías de lo que es la unión, el compromiso, el matrimonio. Ya con Júpiter avanzado en Escorpio, Marte entra a poner en práctica las lecciones, y es cuando los Aries más duros y reacios a la entrega empiezan a sentirse muy cómodos con la idea de compartir su vida con otra persona "para siempre". Este también será el periodo en el que verás resultados reales de tus esfuerzos con tu socio, y pueden empezar a conversar sobre una inversión que harán al inicio del 2018, cuando empieza uno de los años más movidos a nivel de éxito, profesión, estatus y grandes logros.

TRABAJO

Aunque la entrada de Júpiter a Libra sea una buena noticia en el área de relaciones, no puedo dejar de tomar en cuenta las asociaciones. Esta visita del planeta de la abundancia a esa zona ocurre una vez cada 12 años, haciendo el periodo de enero a octubre muy prometedor en cuestión de sociedades y colaboraciones. Pero la clave no está únicamente en que Júpiter está pasando por esa zona de socios, el tránsito en sí no hace el trabajo. La clave está en que Aries aprenda a colaborar, a tener paciencia en la toma de decisiones cuando no depende solo de sí mismo, a acoplar sus ritmos con otro, a pensar en "nosotros" y en el bien de las personas involucradas si realmente quiere ver la expansión que Júpiter promete.

Los mejores periodos de Júpiter para favorecerte en cuanto a asociaciones, planes con tu socio o ayuda de parte de otra persona con la que trabajas hombro a hombro, como abogado o contador son:

- Del inicio del año hasta el inicio de febrero, ya que Júpiter empezará a retrogradar.

- Después del 9 de junio, que será cuando Júpiter arranque directo.

- Y verás… cae como anillo al dedo, porque en ese periodo intermedio lo más importante serán tus relaciones de pareja.

Fechas importantes

- Aunque el 2 de febrero no es una alineación exacta, tiene a Júpiter en tu zona de asociaciones, y a Saturno en tu zona del extranjero, crecimiento y asuntos legales. Este es un buen día para hacer seguimiento a ese proceso legal que quieres resolver y al menos tener una reunión con un asesor de marca, de franquicia o con un abogado. Eso permitirá que tú y tu socio queden tranquilos sabiendo cómo están las cosas o se asesoren para saber qué necesitan para emprender un proyecto o plan después de junio.

- El 30 de marzo, momento en que Júpiter retrógrado en Libra estará en tensión con Plutón (planeta del poder) en Capricornio, que es tu zona profesional. Cuenta una semana y media antes y después, y anota en tu agenda no hacer movidas riesgosas que pongan en peligro tu reputación profesional y mucho menos retar a una persona de autoridad. El lado positivo de esta tensión es que te enseñará a colaborar con otros y a trabajar con tu poder personal sin que eso signifique imponerte sobre otros. Te hará ver tus inseguridades y también la rebeldía que puedas tener en esto de "soy Aries, hago las cosas a mi manera", ya que la gran lección del 2017 es aprender a colaborar y a tomar en cuenta la voluntad del otro.

- El 10 de octubre Júpiter deja tu zona de socios y pareja para entrar en la zona de inversión, cuentas conjuntas, grandes ganancias, manejo de finanzas y poder personal. Al final, en diciembre, el planeta del compromiso y trabajo duro, que es Saturno, se muda a tu zona del éxito, así que ya sabes de qué se va a tratar el 2018... de tratar de conquistar el mundo. Pero sin aprender las lecciones de colaboración, eso te va a costar mucho, así que aplícate.

Preparándote para ese momento

En el 2017 ve haciéndote a la idea de que el 2018 es un año importante a nivel de reputación, y para eso hay que cultivar tu imagen y también tener un *currículum* de calidad.

En cuanto a cuestiones de imagen, la retrogradación de Venus del 4 de marzo al 15 de abril te enseñará a conocerte mejor y a encontrar tu estilo. Aunque ese no es el mejor momento para hacerte cortes radicales de pelo o casarte con una tendencia, sí será un momento de depuración de tu clóset y de un cambio en tus gustos. A partir del 28 de abril, con Venus ya directa y en tu signo, podrás hacerte los cambios radicales que quieras, que denoten renovación y confianza en ti mismo.

Otro asunto para trabajar serán las colaboraciones y la buena imagen social. Esto también es clave para tener éxito este año y más en el 2018. La dinámica que Júpiter en tu zona de socios crea con Urano en tu signo al final de febrero y al inicio de marzo indica que gracias a socio, pareja o mánager estarás abriéndote a un nuevo grupo de personas que más adelante serán claves en tus avances profesionales.

¿Eres emprendedor?

El mejor momento para empezar a trabajar en tu marca, correr la voz, hacer presentaciones o armar un equipo de trabajo es del 21 de abril al 24 de junio, cuando tu planeta Marte está en Géminis. Desde allí conecta con los grandes del Universo: con Júpiter en tu zona de socios, con Urano en tu signo, con Saturno en Sagitario. Ese será un periodo muy movido para ti, y si lo aprovechas te preparará el terreno para los eclipses de agosto, que son de cambio e impulso positivo en tus planes. No está de más decirte que si vas a emprender un proyecto, es mejor hacerlo con alguien más.

Si no trabajas independiente...

Si no puedes asociarte, si trabajas para una empresa y tienes jefe, el mes más importante es enero. Tu planeta Marte estará en Piscis creando buenas alineaciones con Plutón en Capricornio, que es tu zona del éxito, así que es el momento ideal para ganarte a ese superior con un proyecto que es como un emprendimiento propio pero dentro de la empresa. Esta es la semilla de la que nace el crecimiento en posiciones a lo largo del año, porque te habrás ganado la confianza de esa persona que decide. Sé el primero en llegar a la oficina este año, porque las alineaciones que te benefician se dan los primeros días de enero. Aprovecha el 7 y el 9, luego a partir del día 19.

De "las movidas" al inicio del año depende el éxito que puedes llegar a tener con la entrada de Júpiter a Escorpio al final del año, y también el camino a independizarte o tener un negocio aparte del trabajo principal en el 2018.

AMOR Y FAMILIA

El amor es el tema más importante de este año, Aries. A este punto de tu lectura ya estás consciente de que Júpiter (planeta de la expansión, crecimiento y oportunidades) estará transitando por tu zona de parejas, cosa que no hacía desde el 2004. También sabes que Júpiter está en Libra desde septiembre del 2016, así que quizá ya empiezas este año con pareja en mano, o empezando a salir con alguien con quien ves potencial.

Las pistas de Júpiter son:

- La otra persona es del extranjero o viene de una cultura diferente a la tuya.

- La otra persona es generosa, puede ser un poco derrochadora.

- Junto a él o ella, te sientes expansivo; sientes que puedes hacer lo que sea.

- Él o ella tiene buen sentido del humor.

- Él o ella tiene una visión de mundo que no es chica, por el contrario, tiene mucho que enseñarte acerca del juicio hacia otros.

De tus experiencias del final del 2015 y 2016, aprendiste de estas personas, pero hubo un inconveniente: vivían en otro país, tenían agendas diferentes y estaban muy ocupados. Sé que vienes a esta fase con una buena lección de tomarte las cosas con un poco más de calma y disfrutar; sin embargo, tienes que aprender a colaborar, a contar con el otro, a no ser quien se impone o tiene la última palabra.

Si aún no lo conoces...

Si aún no conoces a esta persona, los chances de hacerlo están en un viaje, curso en el extranjero, a través de un amigo que vive en otro país, en tu lugar de estudios, en eventos de capacitación profesional y cursos de aventura relacionados con *hobbies*. Puede que sea una persona que conozcas en tu ciudad pero no sea nativo del lugar.

Los mejores periodos para conocerlo

Enero tiene pocos días favorecedores para el amor, los mejores son del 19 de enero en adelante, pero la tendencia es a salidas grupales donde se abren oportunidades para encontrarte con esa persona.

Ya en febrero, Júpiter empieza a retrogradar hasta junio, cuando tu planeta Marte va saliendo de Géminis, así que no será hasta agosto, cuando Marte está en Leo y Júpiter está directo en Libra, que empiezan unas buenas semanas para conocerlo a través de un viaje. En ese mes también estaremos con eclipses, lo que acelera las relaciones o esto de conocer gente nueva, cambiar de grupos y abrirte a nuevas experiencias donde esa persona esté.

Si ya estás en pareja...

El mejor momento para hacer de la relación algo más oficial empieza en junio, mes en el que hay muchas tensiones, pero eso justamente me indica que es cuando se plantean mudarse juntos o establecerse. Un buen periodo para compromisos serios o casarse empieza al final de agosto, gracias a la ayuda de Saturno en Sagitario, que también "mete la mano" y sincroniza intenciones y tiempos de ambos para que el evento se dé.

Debes saber que...

Aun con estas buenas alineaciones, la ayuda de Júpiter en Libra, los eclipses y tu emoción, la retrogradación de Venus en tu signo este año es una prueba a superar. Venus es el planeta del deseo, relaciones, armonía y cómo te valoras. Este planeta no retrograda seguido, pero cuando lo hace, tenemos 41 días en los que las relaciones pasan por cambios, no sabemos exactamente lo que queremos y nuestros gustos parecen estar cambiando.

Si tu relación está bien, la retrogradación de Venus hará evidente el deseo de uno o de ambos de sazonarla más, de volver a conquistarse, pero en verdad es trabajo interno de cada uno para sentirse con ganas de extender ese amor al otro. Si la relación no es para ser, el eclipse del 26 de febrero más la retrogradación de Venus en tu signo harán que poco a poco te des cuenta de que quieres recuperar tu autonomía, tu espacio y a aceptar que, en el trabajo de amarte a ti mismo, has concluido que esa relación no te funciona. De todas maneras será un proceso de al menos tres meses, así que tienes tiempo para pensar y procesar.

En caso de que termines una relación con Venus retrógrada, te repito que agosto es genial para conocer gente nueva, pues coincide con el paso de Venus por Leo, que es tu zona de romances. También lo es el periodo del 14 de octubre al 7 de noviembre, cuando Venus pase por Libra recogiendo todas las chispas que Júpiter dejará allí.

¿*In love* y muy feliz?

Este es el año para concretar planes de casa propia. Aunque esto será un reto en junio y julio, es muy posible que logres obtener tu vivienda y así trabajar en tu sueño de tener una familia gracias a los eclipses en tu zona de creatividad y creación el 10 de febrero y el 21 de agosto. También te favorece para esto que en octubre Júpiter entra en Escorpio, lo que inicia para Aries un año de embarazos, grandes inversiones y transformación.

Si hay algo que puede hacer mejor tus relaciones este año es dar espacio, que cada uno sienta que puede ser quien es, atender sus intereses, viajar, explorar, etcétera. Conversen sobre el tipo de relación que quieren, diseñen la experiencia con honestidad.

SALUD

Este año hay dos periodos importantes para cuidar tu salud o hacer cambios importantes en tus hábitos: uno es al inicio del año, cuando Marte en Piscis está tocando grados matemáticos sensibles de eclipses que sucedieron en septiembre del 2016, desplegando mucha energía en esa zona de tu rueda zodiacal. Enero es un mes muy bueno para dejar malos hábitos, trabajar adicciones o cambiar de estilo de vida. Si estás pensando en tener hijos este año, aprovecha el mes de enero para asesorarte, cambiar tu alimentación y así preparar tu cuerpo.

Otro momento para hacer cambios es cuando Marte visite el signo Virgo del 5 de septiembre al 22 de octubre. En ese periodo hay una retrogradación de Mercurio que te lleva a tomarte ese cambio de hábitos con calma o, mejor dicho, a tranquilizarte después de un periodo de fiestas o muchos viajes.

LOS ECLIPSES

1. **Eclipse de luna llena en Leo el 10 de febrero y eclipse de Sol en Leo el 21 de agosto**

   Los eclipses más importantes para ti son los que suceden en Leo, que es tu zona del romance, creatividad, creación y procreación. Estos eclipses despiertan tu vena creativa, encienden aún más tus ganas de emprender, pero también, si el momento es oportuno, de ser mamá o papá.

Imagínate lo bien que va esto con el tránsito de Júpiter por la zona de compromiso, matrimonios y pareja. Pero está bien... si estás muy joven para tener bebés, entiende que esto te llevará a dar a luz proyectos creativos que te dan felicidad.

2. **Eclipse de Sol en Piscis el 26 de febrero**

El eclipse en Piscis es para terminar un trabajo interno que implica dejar un viejo estilo de vida atrás. Ese fue el trabajo del 2015 y 2016, ahora es momento de cerrar la puerta. Di adiós en marzo.

3. **Eclipse de luna llena en Acuario el 7 de agosto**

El eclipse en Acuario habla de cómo el proyecto creativo o el bebé te hace cambiar de ambiente circundante, es decir, con los eclipses en Leo se "activa" esto de salir embarazada de un bebé real o de un emprendimiento. El trabajo en ello hace que cambies de ambiente social, de amigos e intereses, pero se da como un proceso natural. Los Aries más jóvenes deben tomar en cuenta ese periodo cercano al eclipse en Acuario, porque anuncia cambio de amigos, y en edades tempranas, eso nos afecta emocionalmente, pero recuerda que cuando personas salen de tu vida, hay espacio para gente nueva y nuevas experiencias.

FASES RETRÓGRADAS DE MERCURIO

Este año Mercurio retrograda cuatro veces, y los temas que afecta para Aries son el dinero y la estabilidad. Las retrogradaciones que más tendrán que ver con tu signo son:

1. **Entre Tauro y Aries, del 9 de abril al 3 de mayo**

   Esta retrogradación de Mercurio entre Tauro y Aries coincide con la retrogradación de Venus también en tu signo, cosa que puede traer dudas acerca de cómo te ves a ti mismo, cómo te sientes con lo que proyectas y respecto a cambios que quieras hacer a tu imagen. Dudas en tu valoración personal pueden llevarte a gastar de más, pero en verdad deberías evitarlo. Usa esta retrogradación para cambiar de hábitos de dinero, ya que en junio y julio lo vas a necesitar.

2. **Entre Virgo y Leo, del 12 de agosto al 5 de septiembre**

   Esta retrogradación de Mercurio coincide con uno de los mejores momentos para el amor este año. Eso quiere decir que por estar pendiente de todo lo bueno puedes descuidar tu cuerpo, tu salud o el trabajo diario. Recuerda cumplir con tus labores, darte estabilidad... así también se puede disfrutar.

LO QUE DEBES SABER
PARA APROVECHAR AL
MÁXIMO ESTE AÑO

Es genial ser fuerte, ser el primero, emprender, lanzarte a experiencias, pero es aún mejor tener con quien compartir todas tus aventuras.

Además de ser el pionero del Zodiaco, desde el 2011, Aries está con Urano, lo que te ha llevado a descubrir cada vez más lo que te hace único. Has conocido gente que está revolucionando como tú, pero te ha separado de personas más tradicionales con quienes tenías vínculos.

En el 2017 encuentras un balance: puedes tener una visión única, futurista y ganas de crear algo diferente, pero a la vez puedes incluir a alguien que te complemente. La clave está en conocerte más, mejorar la comunicación contigo mismo y después con el otro, hacerle parte y atreverte a tener una relación que quizá no será la más tradicional. También, en parte, es perder el miedo a que, si te enamoras, tu lado intelectual o tu *drive* por hacer más va a decaer. Será todo lo contrario, y ahora lo constatarás.

TAU

REGENTE
Venus

MODALIDAD
Fijo

Elemento •·······················
Tierra

Gema •··························
Cuarzo rosado

OVER

Con eclipses en tu zona del hogar y trabajo, más Júpiter (planeta de la expansión) visitando tu zona de calidad de vida, este es un año para echar raíces, crear bienestar, asentarte y sentirte bien contigo mismo antes de saltar a una relación. Si ya estás en una relación, es el año de evaluar cómo se sienten con la rutina, si se ven juntos en años por venir y para dar los primeros pasos para formalizar o iniciar una familia.

Esto se lee maravilloso, pero en el proceso encontrarás retos. Sea por dificultad de horarios, asuntos de salud a resolver, el ajuste en tu rutina o acoplarla a la de otro no será cosa fácil, pero gracias a esos retos es que aprenderás a administrar tu energía y sabrás si eres compatible o no con esa otra persona.

Para los Tauro cuyo enfoque no está en el amor, este año trae un gran regalo: una ayuda o ayudante que te permitirá enfocarte en proyectos más

VIEW

grandes y ambiciosos. Quizá así te tomes un tiempo para ti y empieces a pensar más en el amor, en la familia, gusto que muchos no han podido darse debido al tránsito de Saturno (límites) en la zona financiera, que en el 2016 dejó a muchos sin dormir.

Por suerte, este año es diferente. Los periodos más difíciles en cuestión de cuentas conjuntas, préstamos, créditos y bancos, que son lecciones de Saturno, han terminado y el enfoque ahora es otro: trabajar de manera que veas resultados, trabajar en un lugar en el que puedas desatar tu creatividad y el proceso que esta búsqueda implica será entretenido, porque a varios los llevará lejos, a explorar nuevos territorios reales y emocionales.

LO QUE HACE TU PLANETA
REGENTE ESTE AÑO

Te rige el planeta Venus, que es el planeta del valor propio, lo que valoras, del deseo, la armonía en las relaciones, la ley de atracción; también rige el comercio y si no entiendes por qué, es por la relación que hay entre el deseo y lo que queremos adquirir ya. La tarea más importante de Venus en realidad es mostrarnos qué valoramos, en el sentido de que, si te fijas a qué prestas atención y valor, puedes ver qué tanto te valoras a ti mismo. Si le prestas atención a lo que te molesta en vez de invertir tiempo y energía en lo que te lleva al crecimiento, hay trabajo de amor propio que hacer.

Ya con esas observaciones sobre tu planeta regente, debo contarte que este es un año bastante ocupado para "ella" (me refiero a Venus en femenino, pues es la diosa del deseo). Lo que hace del 2017 un año interesante para observar a Venus es su retrogradación, ya que a diferencia de Mercurio, Venus retrograda un año sí y uno no... y cuando lo hace va de 40 a 44 días. Esto representa un "repaso" en el hermoso mandala que Venus crea alrededor del Sol, pero solo desde nuestro punto de vista, cambiando así en el *Venus Star Point* (momento en que Venus y el Sol se unen) y la llevan de ser una estrella nocturna a una estrella diurna.

Para que lo entiendas de manera simple: Venus crea un mandala alrededor del Sol y hay puntos del mandala en que ellos unen energías. En el momento en que sucede tenemos un renacimiento del deseo, y este año es extraespecial para todos.

Venus empieza a retrogradar el 4 de marzo en el signo Aries, que está a tus espaldas (es el signo anterior al tuyo), y lo hace hasta el 15 de abril cuando "despierte" en el grado 26 del signo Piscis. Esto quiere decir que su retrogradación se da entre dos signos, y para ti afecta la zona de los amigos y de los finales, que empezará a pasar por grandes cambios desde el inicio de febrero, ya que el 26 de ese mes tendremos un eclipse en Piscis. Como ese será un evento en el que están envueltos la Luna y el Sol, tomarás una decisión consciente de cambiar de ambiente. Como Júpiter estará en Libra empezando su retrogradación, esto tiene que ver con moverte del lugar de trabajo habitual en búsqueda de mejores oportunidades, cambio de ciudad, de vecindario o de prioridades, porque estás viviendo algo que te colma de emoción.

Digamos que el eclipse del 26 de febrero marca un cambio de ambiente, que Júpiter está "trabajando" por que tengas mejor calidad de vida y rutinas, y Venus retrogradando representa la evaluación y meditación de este cambio de estilo de vida. Para muchos, Tauro tiene que ver con una relación que está pasando por cambios y la retrogradación de Venus es "la meditación" de cómo estás dejando atrás tu soltería, o en caso de que seas mujer, la ligereza en responsabilidades, ya que puede representar un embarazo no planificado.

Si estás muy joven como para pensar en un cambio de trabajo o en un embarazo, estas energías juntas representan un cambio necesario de ambiente, el cual ya venías buscando. Las oportunidades de viajar por estudios, pasantías o conectar con personas del extranjero son muy grandes, así como también la estimulación para ligarte con personas diferentes a las de siempre.

Aparte de estas manifestaciones personales, también debes saber que cuando Venus retrograda las mujeres nos sentimos apáticas, que cambiamos de gustos y lo mejor es no tomar grandes decisiones en cuanto a cambios de imagen o gastos banales en ese momento.

Para los hombres tiene que ver con energía femenina que regresa o que desean que regrese. Debido a otros factores presentes, si eres hombre Tauro y deseas regresar con alguien, vas a tener que probar que estás listo para el compromiso y que no quieres volver únicamente por tener algo seguro. Junio será el mes para demostrar lo que realmente deseas y cuánto estás dispuesto a invertir.

Los mejores periodos de venus para ti

- El 2017 arranca con Venus en Acuario, tu zona profesional, pero ya el 3 de enero pasa a Piscis, tu zona de amigos y ambiente circundante, la cual verá muchos cambios este año. Por eso, cuando el año empieza Tauro tiene toda la intención de echarle ganas a su trabajo y proyectos, pero al volver a la rutina/oficina empieza a sentir que es hora de moverse o hacer las cosas de manera diferente. Muchos pueden resistirse o tener la expec tativa de que esa sensación va a cambiar, pero la urgencia de cambio y de sentirse satisfechos internamente será muy fuerte.

- Considero el inicio del año y hasta el 2 de febrero como un periodo positivo, porque si te escuchas y haces caso al deseo de cambio que tienes o a seguir la transición natural que ya pide una relación, te sentirás mucho mejor. De todas maneras, el periodo de retrogradación de Venus del 4 de marzo al 15 de abril será para evaluar más a fondo la situación.

- Una vez que Venus arranque directa el 15 de abril y se quede en Aries hasta el 6 de junio, estarás tomando decisiones, cambiando radicalmente tu vida en cuanto a dónde pasas la mayor parte de tu tiempo, tus rutinas, tu salud, cómo te cuidas y cómo quieres aprovechar tu creatividad.

- Si una relación ha de terminarse este año, sería en este periodo, y debido a eso se marca el cambio de amistades, ambiente y la urgencia por reconectar contigo.

- Del 6 de junio al 4 de julio Venus estará en tu signo, uno de los mejores periodos para ti, ya que después de la retrogradación de Venus, retrograda Mercurio en tu signo (del 9 de abril al 3 de mayo) y puedes tener tu vida en reconstrucción. Venus llega a ayudar y a endulzar tu existencia. Si estás soltero, claro que me encanta decir que es el mejor momento para atraer gente nueva, pero en verdad, con todo lo que pasa previo a este momento, este tránsito es de amor y mimos para ti. Te sentirás fuerte, estable y determinado. Es un buen momento para planificar tu futuro y evaluar opciones, también para poner tu vida en orden. Sin duda, la visita de Venus cae como un bálsamo en medio de la cuadratura cardinal.

- Otro periodo interesante de Venus es cuando visite el signo Cáncer del 31 de julio al 26 de agosto, ya que coincide con dos eclipses súper importantes para ti, que tienen que ver con trabajar en lo que amas, mudarte a un lugar que te encanta o iniciar familia. Te verás tomando decisiones que te dan estabilidad, pensando en crear situaciones duraderas, comprometiéndote con un proyecto, una casa, tu familia. A este periodo le sigue el paso de Venus en Leo del 26 de agosto al 19 de septiembre y, ¿sabes qué?, Leo es tu zona del hogar y estabilidad, así que después de las decisiones viene la "decoración del ambiente", de esa nueva oficina, casa o cuarto del bebé.

- En septiembre, octubre y noviembre Venus en su tránsito por Virgo y Libra te mostrará lo mucho que cambió tu rutina, tu estilo de vida en un año. Lo importante que fue escuchar tu deseo, ser auténtico, y haber tomado decisiones difíciles pero que te han traído aquí, donde te sientes en casa, con estabilidad.

- El mejor periodo de Venus para ti será su paso por Escorpio, que es tu signo opuesto. Este tránsito será del 7 de noviembre al primero de diciembre y coincide con la llegada de Júpiter (planeta de la expansión) a ese mismo signo. Este es el mejor periodo para los solteros, o para que los que estén en pareja formalicen.

TRABAJO

Tu zona profesional es la zona Acuario en tu rueda zodiacal. Esta zona recibió un eclipse en agosto del 2016 y tendremos otro el 7 de agosto del 2017. Los eclipses son los eventos que más sacuden nuestras vidas, porque nos halan al carril que es el propósito de encarnación. Por eso, si estás trabajando en un lugar donde tu visibilidad y aporte no corresponden con lo que has venido a hacer, o están limitando tu libertad creativa o potencial, estos eclipses te van a despertar. Para muchos, no se trata de que no puedan ser, sino más bien de que no saben qué quieren o qué han venido a aportar al mundo. Bueno, de la misma manera, los eclipses te harán consciente de tu "misión".

El de agosto del 2016 apenas empezó "la comezón" por saber qué hacer. En diciembre del 2016 recibiste estímulo, principalmente porque tenías necesidad de generar más dinero; pero ya el inicio del 2017 empiezas a hacerte muy consciente de que quieres un cambio. Muchos Tauro estarán cambiando de profesión, otros solo de trabajo hasta descubrir aquello en lo que les gustaría invertir su tiempo, energía y pasión.

Como Acuario es un signo de liberación y también de emprendedores (porque su planeta Urano está en Aries), muchas personas Tauro mantendrán un trabajo estable mientras se lanzan independientes en proyectos creativos, pero antes de la mitad del año les quedará claro que es mucho para su rutina y salud, así que tendrán que decidir.

El eclipse del 7 de agosto trae nuevas oportunidades que están más relacionadas con lo que amas hacer, pero no genera la ganancia que necesitas para mantenerte en pie, así que toca ser recursivo e invertir tiempo en generar proyectos.

Si estás feliz en tu trabajo...

Este año te hará consciente de lo mucho que necesitas ayuda para poder asumir nuevas responsabilidades y trabajar en la parte creativa. La ayuda puede venir, ese no es el asunto, sino la presión que Saturno sigue ejerciendo en tu zona de las finanzas, indicando que antes de dar un puesto más de trabajo, debes saber si puedes costearlo al largo plazo.

Y ya que estamos en el tema…

Tenemos que hablar de Saturno, el planeta de los límites y estructuras, que está en tu zona de finanzas, cuentas conjuntas, préstamos, créditos y bancos un año más.Para ser honesta, lo más difícil de Saturno en esa zona para ti ya ha pasado. Mira lo que pasó en junio, agosto y septiembre del 2016 como un entrenamiento para administrarte mucho mejor en cuanto a energía, confianza y finanzas. No veas únicamente las manifestaciones de la desconexión interna en estos temas tales como fraudes, falta de recursos, haberte entregado a alguien que no valoró o haberte hecho responsable del trabajo de otros. En verdad, Saturno en tu zona de valor compartido busca que a través de ese tipo de situaciones te valores más y que valores tu tiempo, participación y atención tanto como el dinero. Lo que la mayoría de los Tauro dijo en momentos fuertes de Saturno fue "debí prestar más atención", ¿cierto? Bueno, espero que tengas todas esas lecciones bajo el brazo para aprovechar que este año

Saturno no tiene tensiones duraderas, más bien tiene el apoyo de Júpiter en tu zona de trabajo diario y el de Urano en tu zona del inconsciente. Hay muchísimas ideas a las cuales darle forma, dedicarles así sea una hora de tu día y empezar a promover o vender.

No importa si eres psicóloga, ingeniero o *community manager*, hay muchas herramientas reales y virtuales que te ayudarán mucho este año. No solo tu zona profesional contiene el signo Acuario, que es sinónimo de tecnología, sino que Urano (planeta que rige Aries) está sacándote de todo ambiente laboral que está obsoleto o donde no puedas ser TÚ. Tendrás mucha estimulación para empezar con tu página web, tus videos o cursos cuando el Sol pase por Acuario del 19 de enero al 18 de febrero. Este periodo coincide con lo que te conté al inicio sobre la urgencia de cambiar de ambiente.

Los mejores momentos para lanzar algo nuevo

- La luna nueva en Acuario el 27 de enero.

- Hacia el final de agosto, que vamos saliendo de dos eclipses importantes para ti, y tengamos a Saturno en tu zona de finanzas trabajando muy bien con Júpiter en tu zona de rutinas/oficina/ estilo de vida.

- En noviembre del 2017, cuando Saturno en tu zona de finanzas está en trino de fuego con Urano sacando ideas para promover. Este momento coincide con un buen periodo de acción en tu zona de socios y parejas, así que seguramente tienes un proyecto con alguien que tiene muy buen *outlook*!

AMOR Y FAMILIA

Al hablar de amor te hablo de Venus, pero ya te comenté arriba todo lo que tu planeta hará este año con su retrogradación. Para resumir los tránsitos de Venus este año y otros que te favorecen, debo asegurarme de que primero entiendas que el amor propio es la base sobre la cual recaen todos los demás amores.

Saber que tendremos eclipses en Leo indica que los Tauro están cambiando como se sienten internamente, lo que quieren y lo que significa estabilidad. Que tengamos eclipses en Acuario y Piscis me dice que también cambiarás de dirección de vida, que este año verás que planes que jurabas que ya tenían su momento, "transicionan" a algo más simple pero más tú.

El tránsito de Júpiter por Libra también muestra a los Tauro queriendo mejor su calidad de vida. Saturno en Sagitario muestra cuánto están trabajando para poder manifestarlo.

Claramente, no hay mucho tiempo para estar con personas que no saben lo que quieren, o que te limitan cuando estás encontrando tu voz.

Las relaciones de años pasarán por una revisión cuando Venus está retrógrada de marzo a abril, porque los Tauro estarán tratando de recuperar su individualidad. Necesitarán un tiempo aparte o sentirán miedo al pensar que están dejando su soltería atrás. De cualquier manera, con Venus retrógrada estaremos tomando distancia para evaluar mejor nuestras relaciones, y tú lo sentirás mucho más.

Luego estarás con ganas de estabilidad y trabajando determinadamente en eso. Quien desee estar contigo, que se monte en el barco y se ponga proactivo.

Quienes están casados, tienen el reto de reconectar consigo mismos, con el otro y con las metas que tenían juntos antes de que tantos inconvenientes económicos o de diferentes rutinas hayan creado una separación emocional.

El periodo después de Venus retrógrada es ideal para esa reconexión, así como el final de agosto y noviembre. Si una relación no fuera a dar más, lo mostrará en los primeros seis meses del año; pero tranquilos todos, que a partir del 10 de octubre que Júpiter entra en Escorpio, que es tu zona de parejas (y Júpiter no visita hace 12 años), empieza un excelente ciclo para conocer a alguien especial, aunque hay mucho por sanar, cosa que harás de octubre al final de diciembre.

Feliz y quiero más

Para los Tauro que vinieron fortalecidos del 2016 y más fuertes de Venus retrógrada, el reto es iniciar familia de junio a octubre del 2017. Cuando Júpiter entre en Escorpio se encargarán de formalidades, pero lo más importante es estar juntos, vivir juntos y sí, procrear, también como efecto de los eclipses del año pasado.

Los periodos más importantes en cuestión de compenetración, planes juntos y embarazos empiezan en septiembre con una acumulación de planetas pasando por el signo Virgo, y se pone muy fuerte en octubre gracias al planeta Marte.

Solteros...

Aunque hay buenos momentos que Venus te regala a lo largo del año, debo decirte que el 2017 es para descubrir qué quieres. Desde el final de agosto y todo el mes de septiembre son para recuperar tus ganas de salir y conocer personas en ese plano romántico. En ese momento estarás más estable, habrás cambiado de intereses y de ambiente, estarás abierto a explorar, y parece que no tendrás que esperar mucho porque la entrada de Júpiter a Escorpio inaugura un año muy positivo en relaciones. Piénsalo: Júpiter no entraba desde hace 12 años, y si bien no es un efecto milagro, coincidirá con la entrada de personas muy importantes para ti en ese contexto de colaboración, compañía y apoyo.

Lo que sí debes tomar en cuenta es que con Saturno en Sagitario vienes cargando desde el año pasado asuntos de confianza y miedo a la entrega que igual, con planetas, astrología o no, debes trabajar por tu cuenta, porque por mucho que septiembre llene tu zona de la diversión y que en octubre llegue Júpiter, uno atrae lo que es, no lo que será. Si sigues con miedo o desconectado de tu amor propio, será difícil. Usa el periodo de Venus retrógrada para hacer estas labores de amor para contigo mismo.

SALUD

Tu zona de la salud, cuerpo, rutinas y calidad de vida cuenta con la energía de Júpiter, que es el planeta de la abundancia. Eso se lee muy lindo, pero Júpiter expande lo que hay. Si estás en modo *workaholic*, Júpiter puede incrementar tus ganas de trabajar más horas, llevándote a un punto en el que de verdad debes considerar tiempo fuera.

Así como Júpiter se trata de expansión, también se trata de generosidad. Empieza a ser generoso contigo mismo y no me refiero a gastos, sino a tomar tiempo para ti y mejorar tu calidad de vida comiendo mejor, descansando, meditando, haciendo ejercicio. Si tienes una condición de salud o debes hacerte una operación, tener a Júpiter allí te favorece, pero hay fechas en las que es mejor no hacer cambios drásticos. Una de ellas es cerca del 30 de marzo e inicios de agosto, cuando Júpiter estará en tensión con Plutón en Capricornio: aunque Plutón está en tu zona de extranjero, documentos y universidades, es el planeta de la transformación y tiene que ver con "ir por debajo de lo visible", que puede ser interpretado como "ir debajo de la piel", así que mejor no.

Si deseas iniciar un nuevo estilo de vida y hábitos, usa la energía de tu luna nueva, que será el 27 de marzo. Si no te cumples, tendrás la retrogradación de Mercurio en tu signo, que va del 9 de abril al 3 de mayo para volver a comprometerte. Ese periodo también va muy bien con la intención de dejar una adicción, empezar terapia, *coaching* o buscar ayuda.

Aparte de la influencia de Júpiter y otros planetas, sigo hablando de Venus retrógrada y te comento que ese periodo es especial para tomar un tiempo fuera, unas vacaciones, desconectarte un poco de las rutinas y pensar en ti, en recargarte. También te recuerdo del paso de Venus por tu signo del 6 de junio al 4 de julio en caso de que quieras hacerte un cambio de *look,* y su visita al signo Libra del 14 de octubre al 7 de noviembre, que debería coincidir con unas vacaciones con tu *lover.*

LOS ECLIPSES

1. **Eclipse de luna llena en Leo el 10 de febrero**

   Este es un eclipse de limpieza y se da en tu zona de estabilidad, hogar, familia. Como es un eclipse de Luna, se eclipsa energía femenina de tu vida, puedes estar dejando la casa de "mamá" o tu país natal. Puedes estar cambiando de hábitos o terminado una relación. Como para muchos el trabajo es donde pasamos más tiempo (incluso más que en casa), esto puede coincidir con un cambio de trabajo y la tensión de generar dinero y sustentarte.

2. **Eclipse de Sol en Piscis el 26 de febrero**

   Este eclipse es de inicios, es positivo y cae en tu zona de amigos, ambiente circundante, trabajo en equipo. Como los eclipses se dan en pares, debo considerarlos a ambos, este y el anterior. Es por esta energía que te hablé tanto de un cambio de planes a largo plazo, de trabajo, profesión o dirección de vida, pero te hará feliz dar este paso. Nuevos amigos con quienes compartir tus verdaderos intereses también empiezan a llegar, a mostrarse. Muchos pueden estar celebrando algo con amistades o con audiencias, lo que marca un antes y un después en tu vida.

3. **Eclipse de luna llena en Acuario el 7 de agosto**

Si no sabes cuál es tu propósito o qué carrera es para ti, este eclipse te ayudará a aclararte. También te mostrará otras maneras más modernas de hacer lo que ya haces, la importancia de trabajar en equipo, de dar rienda suelta a tu creatividad. Gracias a la cercanía entre el Sol y Marte en tu zona del hogar, estabilidad y familia, querrás ponerte al día en cuestiones de trabajo y oportunidades para estar tranquilo con pagos y necesidades de los chicos. Si no cambiaste de trabajo al inicio del año, será ahora.

4. **Eclipse de Sol en Leo el 21 de agosto**

Has pasado todo el año buscando saber dónde te sientes cómodo, y este eclipse trae las respuestas. A nivel personal, profesional y también en relaciones que están floreciendo, encuentras ese lugar emocional dulce. No se trata de que te conformaste... Para nada, más bien has trabajado mucho en esto. Se trata de que simplificaste lo que querías, porque lo identificaste. Te dejaste de accesorios y excusas. Para muchos, este periodo coincide con el inicio de una relación (más cerca de septiembre) o de un nuevo miembro en la familia.

FASES RETRÓGRADAS DE MERCURIO

1. **Entre Capricornio y Sagitario, del 19 de diciembre del 2016 al 8 de enero del 2017**

   Esta retrogradación se da en tu zona de finanzas y planes de expansión. Por eso te dije al inicio que tienes planes para empezar el 2017 pero estos cambian debido a alteraciones en el trabajo, pagos imprevistos y al caer en cuenta de que tienes que ahorrar más y administrarte mejor. Ten paciencia con trámites legales, del seguro o con bancos. Lo más difícil en esos asuntos está por quedar atrás.

2. **Entre Tauro y Aries, del 9 de abril al 3 de mayo**

   Esta es la retrogradación más importante para ti porque se da entre tu signo y Aries. Mercurio empieza a retrogradar en el grado 4 de tu signo y despierta el 3 de mayo en el grado 24 de Aries. Te recomiendo que del 27 de marzo al 20 de mayo no hagas cambios de *look* o imagen pública, y sé que se ha sentido eterno porque Venus recién retrogradó también. Este es un periodo para pensar bien las cosas, y si un *lover* pide regreso o se trata de tu esposo/a o socio que quiere hacer mejor las cosas, puedes dar un chance y será completamente diferente a la vez pasada, porque te estás poniendo como prioridad. Otra manifestación en esta fase retrógrada es que situaciones que creíste terminadas que tienen que ver con dinero aún están pendientes por revisión. Lo bueno es que puedes cobrar lo que te deben.

3. **Entre Virgo y Leo, del 12 de agosto al 5 de septiembre**

Esta retrogradación se da en tus zonas de bebés/proyectos y la zona de la estabilidad. Parece que estás cocinando una idea o puedes salir embarazada sin planificación. Si no es lo que quieres, cuídate. En cuanto a tu creatividad, es un buen momento para retomar un proyecto personal que significa mucho para ti. Romances que tuvieron una época difícil al final de julio se reconcilian ahora.

4. **En Sagitario, del 3 al 22 de diciembre**

Esta retrogradación se da en tu zona de finanzas. Lo bueno es que para esta fecha estás fortalecido en ese tema. La cuestión aquí es evaluar muy bien en qué vas a invertir cuando arranque el 2018, también puede ser la reconsideración de venta de una propiedad, una mudanza, la liquidación de mercancía, así como para empezar algo nuevo. Mientras Mercurio está retrógrado no hagas nada, decide después del 10 de enero del 2018. Esta fase es buena para cobrar lo que te deben y bueno, para quienes están disfrutando de su soltería, para unos reencuentros candentes.

LO QUE DEBES SABER PARA APROVECHAR AL MÁXIMO ESTE AÑO

No es que la estabilidad te haya eludido, ni que no merezcas tener paz. El año pasado se puso a prueba tu capacidad de ser flexible y adaptarte a las circunstancias. Este año es para crear tu estabilidad con esa nueva manera de pensar más flexible, menos terca, con menos expectativas de ti mismo, de encargarte de todo. Muchos de los planes perfectos o que van con el deber ser caerán para que planes y relaciones más auténticas nazcan, y te sentirás mil veces mejor que si estuvieras trabajando por cumplir con un requisito social. Verás esta tendencia muy marcada en tu trabajo: querrás libertad, algo fuera de lo convencional, un mejor manejo de tu tiempo y disfrutarte con otras personas que te entienden, no que te juzgan. Si, por ejemplo, estabas estudiando una carrera que para ti representaba estatus pero no es lo que te hace feliz, ahórrate años de terapia, y sigue tu pasión dentro de lo posible. No hablo desde un punto de vista ilusorio, ni poniendo a un lado la realidad de que hay cuentas que pagar y compromisos que cumplir, pero cuando vayan pasando los meses tú mismo aceptarás que todo te está empujando a vivir con la verdad por delante, porque así es que serás canal de tu propósito en este mundo y que te sentirás cómodo en tu propia piel.

GÉ
M

REGENTE
Mercurio

MODALIDAD
Mutable

Elemento
Aire

Gema
Esmeralda

I
NIS

OVER

El 2016 fue un año importante en cuestión de compromiso, un tema que a Géminis no se le daba de manera natural, pero con Saturno (planeta de los límites y estructura) en la zona de socios y pareja más las tensiones mutables, no solo empezaste a entender que sin compromiso no hay bendiciones, sino que también te abriste a la experiencia. Unos cuantos salieron con el corazón roto o con cansancio después de mudarse (compromiso con tu estabilidad), pero sé que hacia el final del año también sentiste que valió la pena y la gloria. El 2017 tiene aún ese tema del compromiso bien caliente, pero en vez de presentarse con lecciones karmáticas o cuentas por resolver, viene con un tono dulce, la vuelta del romance. Verás: no solo es porque ya Saturno te tiene "entrenado" y de hecho gustas del compromiso, sino también porque Júpiter (planeta de expansión y abundancia) entró en Libra en septiembre del año pasado, se queda allí hasta octubre de este año y llena de bendiciones tu zona de

VIEW

creatividad, romance e hijos. No te preocupes si no estás pensando en bebés, porque estas energías pueden manifestar una linda asociación con
otra persona para dar a luz un proyecto creativo que paga bien. Y bueno,
ya que tocamos ese tema, también debes saber que los eclipses de este
año te impulsan profesionalmente, así que recibe el 2017 con una sonrisa,
porque para ti es un año de recompensas.

LO QUE HACE TU PLANETA
REGENTE ESTE AÑO

Te rige el planeta Mercurio y, como siempre, tendrá sus retrogradaciones. De eso voy a hablarte, pero antes quiero contarte sobre los mejores tránsitos que tu planeta te regala este año.

El 2017 empieza con tu planeta retrógrado, pero no te alarmes porque ya el 8 arranca directo, dejándote donde mentalmente estabas para el primero de diciembre. Esa retrogradación de Mercurio se trató de resolver planes a futuro con un socio o pareja. Como es difícil hacer planes con otros cuando Mercurio no está funcionando correctamente, quizá dejaron la planificación para después o estaban esperando resolver asuntos de dinero. A partir del 8 y hasta el 27 de enero podrán encontrar soluciones. Si el tema de discusión fue por confianza, intimidad o porque se descubrió una mentira, el final de enero tiene mejores influencias para manejar esto de manera adulta y objetiva.

A partir del 7 de febrero Mercurio estará visitando el signo Acuario, desde donde te ayuda (y les ayuda, si estás en asociación con alguien más o estás en pareja) a avanzar con planes de viajes, mudanzas, franquicias, asuntos legales y eso incluye matrimonio civil. Este periodo hasta el 25 de febrero es una preparación para lo que viene. Reunirte con asesores o especialistas tales como abogados o contadores te ayudará a tener una visión más clara. El 25 de febrero Mercurio entra en el signo Piscis y llega justo para el gran evento: el último eclipse de Sol en ese signo en muchos años, que augura un impulso profesional para ti. Si eres mujer, este tipo de eventos también habla de matrimonios porque hay un cambio de estatus, así que todo va tomando sentido, ¿no es cierto? El final de febrero y el inicio de marzo traen momentos especiales para ti, de cambio, de impulso, de sentir que estás en otro lugar, con otras prioridades y que un sueño se hace realidad pero no por casualidad, sino por trabajo duro del 2016.

Luego, el 13 de marzo Mercurio entra en Aries. Inicia una nueva vuelta al Zodiaco y tú también te sientes como nuevo; solo que en Aries hay muchas cosas pasando al mismo tiempo y es cuando Mercurio también empieza a sentirse "enfermo"... va a retrogradar al mismo tiempo que Venus lo está haciendo. Mercurio de hecho logra pasar el territorio Aries, llega a Tauro y empieza su retrogradación el 9 de abril, pero se devuelve a Aries, por eso puedo decirte que del 27 de marzo al 20 de mayo estarás en revisiones, y eso tiene que ver con cómo te sientes con tu nuevo estatus, con un grupo de amigos que ha cambiado, quizá el nuevo trabajo tiene nuevas tareas y estás aprendiendo lentamente, o si estás soltero (con *lover*, pero soltero al fin) alguien del pasado reaparezca. De hecho, si terminaste con alguien al final de diciembre y aún hay chispas, este es el periodo en el que vuelve. Pero piénsalo bien, porque el eclipse en Piscis al final de febrero es como para regalarte una nueva vida. Aparte, aunque esta retrogradación de Mercurio salva algo que estabas listo para desechar, que empiece su retrogradación en Tauro, que es el signo del valor, te recuerda que solo vale la pena volver si hay respeto y si se valora el proceso que cada uno ha emprendido desde que se dejaron. Si estás casado esta retrogradación puede manifestar inconvenientes con tu pareja porque ya pasado el furor de un cambio reciente, el habituarse a una nueva rutina, extrañar como vivían antes, etc., puede estar siendo difícil para ti. Recuerda que eres un signo mutable, que tu mente es flexible y que no eres ajeno al cambio. Si amigos viejos salen, nuevas personas entrarán y eso para ti será un impulso a evolucionar.

Del 16 de mayo al 6 de junio, Mercurio estará en Tauro, el signo que está a tus espaldas, así que será un periodo callado para ti. Estarás evaluando el año que se termina y haciendo espacio para el que viene. Ese es un periodo provechoso para empezar terapia, meditación, cuidarte más y también para "encerrarte" y crear. Un proyecto creativo o un bebé estará gestándose.

Del 6 al 21 de junio Mercurio estará contigo. Aprovéchalo al máximo para trabajar en tus ideas, hacer lanzamientos, promocionar proyectos creativos y si aún no estás listo, pues enseriarte gracias a una nalgada de parte de Saturno el 18 de junio. Esta tensión y la que tendrá con el planeta Neptuno también son para iniciar conversaciones serias con un socio o pareja acerca de planes a futuro, y la luna llena en tu signo opuesto estará influenciando todo esto, así que puede ser un periodo tenso para relaciones débiles.

Del 26 de junio al 5 de julio Mercurio estará por Cáncer, una posición que para ti es favorable en cuestiones de dinero, pero esta vez, debido a la cuadratura cardinal completa, se trata de asegurar tu posición en un lugar, mejorar tu salario, defender tu puesto, mejorar tu crédito, solicitar préstamo o hacer un pago grande en pro de tu estabilidad. En este periodo, e incluso antes, concéntrate en ahorrar.

Cuando Mercurio entra en Leo el 5 de julio, sentirás un alivio. Tienes hasta el 24 de ese mes para comunicar ideas, cerrar contratos, mejorar tus ventas, promocionar proyectos o iniciar nuevos, para pasarla bien, para compartir con los demás, para hacer nuevos amigos y hasta ponerle *spice* a tu vida social. El 25 de julio Mercurio entra en Virgo, que es tu zona del hogar, familia y estabilidad. Sería un momento de calma, de dedicarte a tu casa o a tu familia pero... Mercurio empieza a retrogradar.

Del 12 de agosto al 5 de septiembre Mercurio no solo retrograda, sino que se devuelve a Leo, coincidiendo con el segundo periodo de eclipses del año, que caen justo en Leo, pero tengo buenas noticias: primero, Mercurio retrogradando de vuelta a tu zona de las ideas, contratos y negociaciones te da más tiempo o un segundo chance para mejorar una propuesta, un negocio o una presentación. También ayuda a los solteros a volver a contactar a alguien de interés. Y segundo, el eclipse del 21 de agosto se da muy cerca de Mercurio retrógrado, así que este es el eclipse más importante para ti y tiene que ver con encontrar tu lugar.

Te explico: meses atrás, después de un cambio significativo al final de febrero e inicios de marzo, tuviste que crear de nuevo estabilidad desde cero con un nuevo estatus o en un nuevo lugar real o emocional. Desde ese momento estás buscando volver a encender tu chispa, y este eclipse es indicador de ello, del renacimiento. Lo que recibiste en los últimos meses fue un entrenamiento mental para mantenerte organizado, con los pies en la tierra, cuidando más de tu dinero y poniendo tu seguridad personal como prioridad, para que no siguieras con soluciones efímeras, sino más bien con pasos firmes que van creando un largo camino. Este eclipse es un "reseteo" y puede abrir las puertas a oportunidades de trabajo, expansión o de reencender una relación.

El 9 de septiembre Mercurio en efecto entra en Virgo para quedarse hasta el 29 de ese mes y *voilà*... nueva estabilidad. En sintonía con la energía Virgo, que también activa otros planetas de paso por ese signo, estarás creando nuevas rutinas y hábitos. Usa este periodo para cuidar de ti, de tu salud, de tus seres queridos, atender a familiares a quienes no habías dado la atención debida.

Del 29 de septiembre al 17 de octubre Mercurio estará en Libra y coincide con la fiesta de despedida del planeta Júpiter (expansión), que ya se va de ese signo. Este periodo es muy bueno para los Géminis solteros que estén con ganas de empezar una relación, y también para trabajar en proyectos creativos. Los Géminis casados o comprometidos pueden estar hablando de hijos.

Del 17 de octubre al 5 de noviembre Mercurio estará por Escorpio y también coincide con Júpiter, así que tu visión se hace grande y también un poco ambiciosa. En este periodo tendrás un vistazo de las oportunidades profesionales que vienen en el 2018 y también de cambios en tu estilo de vida, muy relacionados con tu salud.

Del 5 de noviembre al 2 de diciembre disfrutarás de Mercurio transitando por Sagitario. Este es un periodo para compartir con el otro. Es tiempo para que las parejas o socios celebren, una relación se enserie, hagan planes, pero Mercurio empieza a retrogradar del 3 al 22 de diciembre haciendo difíciles los planes de viajes, regalos o dónde pasar las Navidades, si con tu familia o con la del otro, pero ya que lo sabes, planifica con antelación. Si estás soltero y recién conociendo a alguien, asegúrate de que esa persona ya ha superado a su ex, antes de celebrar Navidades con el fantasma del pasado robándote el pastel.

TRABAJO

Para empezar, quiero tocar un tema del año pasado que de alguna manera se cuela en la energía de este año, aunque no se haga notar hasta agosto.

En agosto del 2016 tuvimos el primer eclipse en Acuario en muchos años. Acuario es tu zona del extranjero, capacitación profesional, crecimiento personal, universidades, asuntos legales, mudanzas a otro país. Aunque no será hasta agosto del 2017 que volvamos a tener esa tendencia en clímax, está latente, así que la oportunidad de irte a estudiar a otro país, iniciar un curso, estudiar otro idioma, trabajar con personas a distancia o recibir una propuesta del extranjero están muy marcadas. Claro que si lo que has venido arrastrando es un asunto legal, puedes dirigir la energía a eso.

Para un caso o para otro, enero será un mes en el que se ponen las cartas sobre la mesa y aunque no tengas que decidir ya, te sentirás estimulado y con ganas de hacer cambios en tu vida, ya que el abanico de oportunidades se está abriendo. La sensación es "¿para qué conformarse? ¿Me lanzo o no?".

Pero hay un detalle que en tu mente puede sentirse como una limitación. Géminis ama aprender, pero no es tan gustoso de aprender en cuestiones de dinero, en el sentido de que mudarte a otro país sería adecuarte a un nuevo sistema de pagos, créditos, etc., y eso es parte. Lo mismo para los Géminis que estén arrastrando un asunto legal y resolverlo implique hacer un gran pago. Sé que se siente como un peso, pero es necesario resolverlo; y, por el otro lado, sería una pena perderte una oportunidad solo porque te da flojera sacar un crédito nuevo o adecuarte a otro sistema. Piénsalo.

Otra cosa a aprovechar en enero es la visita de Venus a Piscis. Venus es el planeta del deseo y la atracción. Desde tu zona de trabajo profesional y éxito puede ayudarte a convencer a otros de que eres el mejor en lo que haces, que tienes tacto y eres encantador. Venus en Piscis del 3 de enero al 3 de febrero también es un periodo para pulir tu imagen profesional, enviar tu *currículum* y tener entrevistas si estás buscando trabajo.

Evita mezclar amor con trabajo al momento, pero sí puedes poner en tu agenda tomar tiempo para envisionar cómo sería tu trabajo ideal, porque febrero trae dos importantes eclipses. El del 26 de febrero será en Piscis, esa zona profesional. Será un eclipse de Sol, así que representa inicios, cambio de estatus; y es eclipse de Nodo Sur, así que desecha la manera como hacías las cosas antes. Un sueño se cristaliza, o es una oportunidad bastante buena, pero hace falta tu compromiso. Si te organizas mentalmente y le pierdes el miedo al reto del nuevo sistema de pagos, crédito y finanzas en general, te irá muy bien. Esto, más que un trabajo "soñado", puede ser un buen puesto, más libertad creativa, un excelente cliente, un ascenso. Los Géminis más jóvenes, influenciados por la visita de Marte a Piscis desde que arrancó el año, ahora se atreven a emprender, quizá por primera vez y con un golpe de suerte.

Como ya te mencioné antes, para este momento tu planeta Mercurio también estará por Piscis, alargando esta ventana de oportunidad hasta el 13 de marzo.

Otro periodo importante a mencionar es junio y julio, cuando varios planetas estén pasando por el signo Cáncer, que es tu zona del salario, dinero, posesión y propiedades. Como mencioné antes, este será un periodo tenso, al que quieres llegar con estabilidad, ahorros, para que en vez de ser un mes de estrés, sea el mes en el que diste la milla extra para dar el pago inicial de tu casa, o para pagar deudas. Si estás casado y tienes familia, será un periodo bastante ocupado en el que buscarás otra fuente de ingreso o cómo ganar más. Si este periodo llega y te encuentras desorganizado o corto de dinero, las tensiones de parte de Plutón en tu zona de finanzas representan instituciones bancarias presionando por pagos o tu crédito se verá afectado. De nuevo, la precaución y organización al inicio del año previenen todo esto.

Ya para el 25 de julio la tensión cardinal se alivia, y con Marte entrando en Leo encontrarás soluciones. Para muchos, estas vienen al impulsar nuevamente un proyecto o contactando a alguien con quien trabajaron en el pasado.

Luego llega agosto y tendremos el segundo eclipse en Acuario, que mencioné al inicio de esta sección. De nuevo el Universo te pregunta: "¿Quieres más?, ¿quieres expansión?, ¿te sigue dando miedo un nuevo sistema o te sentirías liberado al empezar desde cero?".

Quienes no tomaron la oportunidad de hacer un cambio en su dirección de vida al inicio del año pueden hacerlo ahora. Géminis que estén con deudas o bienes en conjunto con exparejas o pasando por un divorcio se liberarán, y esto también dará alivio a sus cuentas bancarias.

Luego de este periodo viene un momento de calma, pero a partir del 10 de octubre, que Júpiter entre en Escorpio, se enciende tu ambición. En los últimos meses del año y gran parte del 2018 veremos a Géminis muy organizado, con ganas de trabajar, y lo mejor de todo: con su mundo material y sus finanzas en orden, ya que el año termina con la entrada de Saturno (límites, estructura) a Capricornio, que es la zona de bancos, préstamos, créditos y cuentas conjuntas. Al parecer, una sociedad empezará a mostrar resultados positivos. El éxito al final del 2017 y el 2018, en cuestiones financieras, depende mucho de haber perdido el miedo a cursar algo nuevo, trabajar en algo diferente, haber perseguido un sueño y no evadir los pagos pendientes en febrero, junio y julio. ¡Planifica, motívate y conquista!

AMOR Y FAMILIA

La tendencia más importante a nivel de compromiso empezó en el 2015 con la entrada de Saturno a Sagitario, que te dio muchas lecciones en el 2016. Parece que se te hubiera preparado en términos de estabilidad y mantenerte fiel a una meta junto a alguien más, para que así la tendencia más fuerte en el amor (romántico) pudiera aprovecharse. Me refiero al ingreso del planeta Júpiter (expansión y oportunidades) a Libra, que es el signo de relaciones y tu zona de romance que se inició el 9 de septiembre del año pasado.

Así empieza el 2017, con dos planetas de los "grandes" ocupando las dos áreas de tu rueda zodiacal que tienen que ver con unión a otros, colaboraciones, matrimonios por amor.

Si ya has leído las secciones anteriores, sabes que otras áreas también demandarán tu atención, y por eso tus relaciones pasarán por altos y bajos, pero sin duda estás en uno de los mejores años para conocer a alguien, para enseriarte y/o casarte.

Déjame explicarte más al detalle:

- Saturno es el planeta del compromiso y está en tu zona del compromiso, cosa que sucede una vez cada 29 años. Este tránsito empezó oficialmente en septiembre del 2015 y termina en diciembre del 2017.

- Júpiter es el planeta de la expansión y está en tu zona de romances, hijos, embarazos, proyectos creativos. Esto sucede una vez cada 12 años. Este tránsito empezó el 9 de septiembre del 2016 y termina el 10 de octubre del 2017.

Mira cómo coinciden estos tránsitos para cubrir casi todo este año y entiende que se acoplan muy bien, con una señal muy clara de que es tu momento. Imagina que Saturno visite tu zona de compromiso pero Júpiter no hubiera llegado a la del romance... No, es una sincronización perfecta.

Además, estos planetas estarán en conversación. En febrero y al final de agosto estarán en sextil para mejorar tus relaciones, comprometerte y hacer cambios de vida junto a otra persona. Puedes volver a los periodos importantes de Mercurio para que veas que coinciden también con otros eventos tales como el eclipse en Piscis del 26 de febrero, cuando se marca un cambio de estatus en tu vida.

Para los solteros, los periodos más importantes son a mitad de mayo y en noviembre, cuando una oleada de personas nuevas estarán rondando y te sientas con ganas de tener estabilidad y dejar a un lado la vida de fiesta o la desorganización.

Otros periodos para aprovechar

Primero que nada, las lunas nuevas: la luna nueva en Libra el 19 de octubre es buena para los solteros y para embarazos si están buscando. La luna nueva en Sagitario del 18 de diciembre es buena para reconciliaciones positivas.

Por otro lado, habrá tránsitos de Venus muy provechosos para ti. Estos son:

- Venus en Libra, del 14 de octubre al 7 de noviembre: excelente periodo para los solteros, también para dedicar a sus hijos.

- Venus en Sagitario, del primero de diciembre al 17 de enero. Como coincide con la retrogradación de Mercurio, se trata de vueltas y reconciliaciones para personas que hayan terminado del 14 de noviembre en adelante, o para reconectar con alguien que les gusta pero con quien no pudieron mantener contacto por tener al mismo tiempo mucho trabajo.

Y ya que estamos hablando de los momentos favorables, vamos con el real deal...

Uno de los periodos de más reto este año en el amor y relaciones para ti es cuando Venus retrograde en Aries del 4 de marzo al 15 de abril. Venus rige la atracción, el deseo, la valoración personal y estará pensando en el pasado mientras transita justo por la zona de exparejas. Primero que nada, si desde el 2016 vienes arrastrando un tema con un ex o estás entre divorciarte o no, medio separados o medio juntos, este periodo puede complicar mucho las cosas, incluyendo a la persona nueva que dejaste entrar en tu vida. Tienes que decidir. Sí, es posible que un ex vuelva pero a nivel de causa; estas "complicaciones" son manifestación externa del conflicto interno que sientes, porque por ahí aún hay miedo a comprometerte seriamente.

Si eres de los Géminis que tomó las lecciones de compromiso en el 2016, este periodo tiene más que ver con diferentes puntos de vista debido a lo que cada quien valora después de haber hecho un cambio de vida. La situación es al estilo "yo hice esto por ti, ¿ahora qué haces por mí?", lo que no ayuda para el periodo junio-julio, cuando deben encontrarse comprometidos, sólidos y haciendo frente a cuestiones del hogar.

Este periodo también probará ser de contraste para hombres Géminis que no deseen aceptar la paternidad de un hijo, o no quieren asumir ese tipo de responsabilidades ahora, aun cuando su pareja sí lo desea. Esto se resolverá después de julio y al final de octubre, de hecho, tienen un periodo excelente para hablar de familia o iniciarla.

Otro tema que vale la pena mencionar en esta sección son las amistades. Venus retrógrada y los eclipses en Acuario cambiarán tu ambiente circundante, tu grupo de amigos y tus intereses. A muchísimos Géminis se les da por cambiar de ciudad o trabajo al inicio del año, a otros se les da al final de agosto y es porque un socio o la pareja los introduce a "un nuevo mundo".

De todas maneras, los amigos de siempre estarán contigo, e incluso una amistad del pasado puede recuperarse en marzo.

SALUD

Tu luna nueva el 25 de mayo y la de Escorpio el 18 de noviembre son las mejores fechas para hacer cambios en tus hábitos, comprometerte con cuidarte mejor. Tu salud se ve estable a lo largo del año y hay un *highlight*: la visita de Marte a tu signo del 21 de abril al 6 de junio, cuando quizá estés muy activo y quemando la vela por ambas puntas, así que trata de pausarte o de organizarte bien, para hacer buen uso de esa energía en vez de llevarte al agotamiento. Recuerda que eres un signo mental, así que lo principal es aprender a calmar tu mente. Si desde el inicio del año puedes hacer yoga, meditación o actividades que te ayuden a compensar, estarás bien.

Un tránsito que vale la pena mencionar es el de Júpiter por Escorpio, que empieza el 10 de octubre del 2017 y corre por casi todo el 2018. Júpiter es el planeta de la expansión y estará visitando por primera vez en 12 años tu zona de la salud, cuerpo y calidad de vida. Este ciclo también te llena de ambición y determinación, así que si al final del año te propones competir, rebajar, cambiar de alimentación de manera radical, lo lograrás. Para las mujeres Géminis este es un ciclo de embarazos, pero de eso hablaremos en el próximo libro.

LOS
ECLIPSES

1.   **Eclipse de luna llena en Leo el 10 de febrero**

   Este eclipse es el que te lleva a tomar la decisión de hacer
   un cambio en tu vida. Cerca del evento estás recibiendo
   mucha estimulación, pero no estás seguro. Falta que pase
   el segundo eclipse de febrero para sentirte listo. Como las
   dudas parecen venir de tu sistema de valores, asuntos de
   dinero o posesiones materiales, hay que trabajar el apego.

2. **Eclipse de Sol en Piscis el 26 de febrero**

   Este eclipse lo he mencionado varias veces en tu horóscopo. Si tenías que trabajar apegos, esta es la energía de
   inicios que te impulsa a dejar atrás algo para siempre y
   perseguir un sueño, sobre todo a nivel profesional.

3.   **Eclipse de luna llena en Acuario el 7 de agosto**

   Este eclipse vuelve a poner en el *spotlight* las oportunidades
   de capacitarte profesionalmente, tomar una oportunidad
   en el extranjero si no lo hiciste al inicio del año. Ahora, con
   una visión más objetiva, no lo dudarás. Este eclipse también es para finiquitar asuntos con tu expareja, asuntos
   legales o materias pendientes en la universidad:

4. **Eclipse de Sol en Leo el 21 de agosto**

   Es el eclipse más importante para ti porque se da con tu regente Mercurio (retrógrado) muy ceca del evento. A partir de
   este eclipse, y gracias a otras alineaciones del final de agosto, empieza una temporada favorable en el amor, los compromisos, las reconciliaciones y la creación de estabilidad.

LO QUE DEBES SABER PARA APROVECHAR AL MÁXIMO ESTE AÑO

El 2016 te obligó a comprometerte y dar la cara ante lo pendiente. El 2017 te lo pide, te deja la puerta abierta a oportunidades, depende de ti tomarlas o no. Con organización, mente flexible para lanzarte a lo nuevo, superar apegos al país natal, la familia de origen o a una relación/inseguridades pasadas que ya no tienen razón de ser, puedes tener un año increíble. El amor no te elude ni se esconde, oportunidades para conocer nuevos prospectos o enseriarte con alguien que te ama están muy presentes. Hazte consciente de tus patrones de saboteo, trabájalos y persigue tus sueños.

CÁN

REGENTE
Luna

MODALIDAD
Cardinal

22 DE JULIO •

Elemento •
Agua

Gema •
Perla

CÁNCER

OVER

El 2016 te dio muchas lecciones sobre la administración de energía, cómo cuidar tu cuerpo, tu salud, lo importante de llevar una vida organizada pero no carente de la sensación de bienestar, que es vital.

La lección a nivel de causa escondida detrás de todas esas lecciones, que son solo consecuencia, es que el bienestar es el resultado de valorar más la conexión interna que la externa, que el cambio tenía que empezar en cómo pensabas, cómo veías la vida y cómo logras motivarte a pesar de lo que ves en la realidad.

Sé que suena muy abstracto, pero dicho de una manera más simple, llegaste a un límite físico por malas elecciones que afectaron tu rendimiento, y la sensación de libertad era cada vez más elusiva.

Si fuiste de los Cáncer que atendió el llamado, prestó atención y en el 2016 inició cambios para sentirse más saludable, con más tiempo libre y

VIEW

menos estrés, a este punto te empiezas a sentir repuesto y recargado de energía vital, pero si no, el inicio del 2017 puede ser un periodo de ajuste lento para ti.

Este año se trata de estabilidad. Según los patrones energéticos, para este momento ya sabes que necesitas balance en tu vida, y el tránsito del planeta Júpiter por Libra (tu zona de hogar, seguridad, familia y pertenencia) ayudará a que esto se manifieste. Sin embargo, este año presenta sus retos con respecto a este tema, los cuales puedes considerar como exámenes que aprobarás si aplicas lo aprendido en marzo, junio y septiembre del 2016.

El tránsito de Júpiter en Libra, que se da una vez cada 12 años, aplica la presión necesaria para que empieces a asociar el descanso, estar y compartir con tu familia, iniciar una familia, una casa más cómoda, amarte y enriquecer tu vida personal como la base de la cual nacen las ganas de trabajar más y mejor, en vez de como llevabas la vida hasta ahora, que era al revés: trabajar hasta no poder más para ganarte una hora de sueño. Míralo con humor como el año de soltar el látigo, y sé que para muchos hay una asociación con dejar de trabajar y perecer o perder oportunidades, pero allí es cuando te explico... balance (Júpiter en Libra) y también ser inteligente creando planes, proyectos y entregas que se basen en calidad en vez de cantidad.

Como con el pasar de los meses se despertará tu interés por hacer tus espacios más afines a ti, tomarte tiempo aparte, iniciar cambios con tu pareja (que estaban en pausa porque nunca tenían tiempo); también sé que vas a cambiar cómo piensas sobre tus horarios, tiempo libre/tiempo de trabajo y que esto dará paso a un cambio de estilo de vida que te hará sentir más centrado y saludable.

Muchas mujeres Cáncer estarán planificando mudanza con pareja, salir embarazadas, o descubrirán en sí la energía para superar una adicción o patrón nocivo.

Para los hombres, se trata de su primera casa, de ser padres por primera vez, de mudarse a un lugar que va mucho más con su forma de ser y donde se sienten libres.

Una forma de entender de qué se trata el 2017 para ti es que pienses en los árboles: entre más altos, necesitan raíces más profundas, ¿cierto? Este es el año de echar raíces, y de ahí parte lo demás. Esa era la "fórmula" que necesitabas entender, en vez de seguir trabajando las ramas, que ya no podían sostenerse.

TRABAJO

El trabajo, emprendimiento y visibilidad pública son temas muy importantes para ti este año.

En tu rueda zodiacal hay dos áreas que se refieren al trabajo como tal: la zona de tareas diarias y la zona del éxito.

La zona de tareas diarias fue la más activa el año pasado. El planeta Saturno (límites, estructura) está allí y fue por eso que tocó aprender a poner límites, a cuidar tus horas, tu tiempo, tu cuerpo, tu salud o a crear una nueva estructura, un nuevo horario, buscar un nuevo trabajo.

Tal como te dije en la introducción, este año es para crear bienestar y calidad de vida. Las lecciones de Saturno han de llevarte a trabajar en esto para estar mejor, en vez de volver a llegar a un límite de estar increíblemente abrumado.

Cuando una persona se ve en esa circunstancia o con la presión de producir más, se quema más en vez de pausar, replantearse las cosas y hacerlo bien. Si tú no tienes salud o si no tienes claridad, ningún trabajo mostrará tus capacidades y difícilmente te desestancarás. Lo mismo con los Cáncer que se atrevieron a hacer un cambio de trabajo y hasta de ciudad el año pasado en búsqueda de mejores oportunidades. Hicieron el cambio y de una vez entraron en un piloto automático del que difícilmente salieron, pues no pararon para apreciar el cambio que están ejecutando, pero es necesario.

En el 2017 si quieres tener éxito, tienes que parar, y eso no significa no trabajar. Es más, apenas empiece el año tendremos a Marte (planeta de la acción) transitando por tu zona de creación de planes y capacitación profesional, avanzando para llegar el 28 de enero a tu zona de éxito. Eso quiere decir que empiezas con ganas de perseguir un sueño y lanzándote por ello.

El tránsito de Marte en Aries del 28 de enero al 9 de marzo es un periodo propicio para emprender, pero con la mente flexible porque vendrán cambios. Si no eres un emprendedor, puedes apostar por una mejora en tu trabajo o conseguir trabajo nuevo, pero de todas maneras vas a volver al pizarrón en el que diseñas tu plan profesional varias veces más en los primeros meses del año.

Mientras Marte está trabajando por lograr algo importante en tu zona de éxito, vista pública y cambio de estatus, Venus, que es el planeta del deseo y la atracción, llega el 3 de febrero para ayudar y deslumbrar. Presentaciones, lanzamientos, mostrarte a ti o tus creaciones de manera pública se ven muy favorecidos. Pero al final de febrero tenemos un eclipse en Piscis, que aunque es muy muy positivo, presenta una oportunidad que empieza a estimularte, a llamar tu atención. Esta es una oportunidad de capacitación, de un curso, de un permiso de trabajo, mudanza, un contrato editorial o algo que deseabas el año pasado pero pensaste que no se iba a dar. Cerca de la mitad de septiembre del 2016 pusiste ese sueño dentro de una gaveta.

Entonces, ¿qué haces ahora que las cosas a nivel profesional están mejorando, pero hay una oportunidad para volver a estudiar o de esfuerzo que más adelante promete más libertad?

Bueno... Venus se encarga de trabajar eso, así que no decidas inmediatamente. Venus empieza a retrogradar del 3 de marzo al 15 de abril, justo entre tu zona de éxito y la zona de oportunidades y capacitación profesional. Como Venus rige el deseo y, por ende, cuando ella retrograda, lo que deseamos cambia, aquí vas a evaluar qué es lo que realmente quieres. Con la luna nueva en Aries (tu zona de éxito), el 27 de marzo estarás listo para tomar una decisión que cambia el rumbo de tu vida y muchos planes.

Se lee hermoso, ¿verdad? Sé que sí, pero acá está el *twist*. Todo el mes de febrero y de marzo, planetas pasando por tu zona del éxito se oponen a nuestro querido Júpiter, que está en tu zona de las raíces y el hogar diciéndote "lo que sea que escojas, recuerda que no hay verdadero éxito si no tienes con quien compartirlo, que no hay satisfacción si no estás bien contigo", y es bueno prestarle atención para no repetir el patrón del año pasado.

Para quienes están evadiendo estas energías y han decidido no trabajar, o salir a buscar trabajo en vez de salir a encontrarlo (hay una gran diferencia en la determinación), estos meses traen fuertes lecciones sobre el susten- to de sus necesidades más básicas, lo que se pone más tenso en junio y julio, así que mejor vibrar alto y aprovechar estas tensiones que se sienten como una nalgada cósmica para capacitarte, trabajar, buscar nuevas op- ciones, manifestar oportunidades.

Siempre y cuando cuides el balance entre tiempo pasivo/tiempo activo, vida pública/vida privada, harás una buena elección entre las opciones que se presentan.

Este periodo de febrero-marzo también ayuda a que tengas claridad sobre cómo ejecutar un plan profesional, sobre todo para emprendedores, y así abril y mayo te verán trabajando en una meta ambiciosa, que como con- secuencia manifestará un mejor estilo de vida, una casa más amplia o vivir en un lugar más seguro después de junio.

Dinero

Ahora hablemos de tus ciclos de dinero importantes...

El primer evento que afecta tu dinero es el eclipse de luna llena en Leo, que será el 10 de febrero. Si llevas la línea de lo que te he explicado, ve- rás que coincide con el momento en que hay otra oferta u oportunidad. Aunque la nueva opción no pague más, puede "pagar" con más libertad de tiempo o libertad creativa. Este eclipse en Leo es un momento de eva- luación intensa, porque sí hay un apego emocional al trabajo antiguo, a lo que hacías antes y también hay miedo a que tomar la nueva oportunidad no salga bien y al final, que sea un éxito o no depende de tu nivel de certeza interna, de confiar en ti, creer en ti y eso también se trabaja con este eclipse que a nivel de causa lo que toca es el valor interno, la valentía, la conexión contigo mismo, el merecimiento. Tal como mencioné arriba, no es momento de tomar decisiones sino hasta bien avanzado marzo, o mejor esperar hasta que Mercurio esté directo el 3 de mayo, pero sé que para muchos es demasiado tiempo para comunicar su decisión, así que un buen momento (a pesar de los retrógrados) será cerca del 27 de marzo, justo un mes después de los eclipses que están cambiando tu dirección de vida gracias a esa oferta de trabajo.

Otro momento importante en cuestiones de dinero se da cuando Marte (planeta de la acción) entra en Leo, que es tu zona de autoestima, valor, valoración personal, dinero, posesiones y propiedades. Marte estará allí del 20 de julio al 5 de septiembre, pero en medio de eso tenemos una fase retrógrada de Mercurio (planeta de la comunicación). Sí que ese será un periodo para renegociar el salario, los beneficios o hacer cambios/ediciones a un proyecto creativo.

El mejor momento para ti en cuestiones de dinero se da al final de agosto y en septiembre, cuando tengamos el eclipse de Sol en Leo, cuando ya debes estar bien con lo que lograste de esas negociaciones. Para ese momento, Júpiter en Libra en tu zona de las raíces también tendrá buenos aspectos que indican que estarás trabajando a gusto y logrando comprar casa o mudarte a un lugar más grande. Si tu sueño era irte a vivir a otro lugar por trabajo, este es el momento en que se empieza a manifestar tu deseo e intención.

Creatividad

A partir del 10 de octubre Júpiter (planeta de la expansión) llega a Escorpio, que es tu zona creativa. Allí empieza un año donde darás a luz tus mejores proyectos creativos, que además serán lucrativos y por eso no cabe duda de que para llegar a ese punto de libertad creativa debiste tomar decisiones importantes sobre dónde trabajar, cuánto cuesta tu libertad, lo importante que es tu tiempo libre para recrearte. Todo lo que vivas en el 2017 en estos temas te prepara para un excelente año en proyectos personales en el 2018.

AMOR Y FAMILIA

El mejor momento en el amor viene al final del 2017 con la entrada de Júpiter al signo Escorpio, que es tu zona de creatividad, romance e hijos. Eso coincidirá con el ingreso de Saturno (compromiso) al signo Capricornio, que es tu zona de parejas, así que en el 2018 este será el tema más importante porque hay mucha energía de compromiso.

Este año, aunque lo mejor está para el final, hay muchos periodos a trabajar para poder llegar a ese buen momento ya entrenados.

Empecemos...

En enero habrá planetas visitando el signo Capricornio, que es tu zona de socios y pareja. Este es un momento para mejorar la comunicación con el otro y los planes que tienen para este año. Si estás soltero, hay conexiones interesantes, y de hecho puedes empezar una relación al inicio de febrero, gracias a que Mercurio en Capricornio tendrá alineaciones positivas.

Luego tenemos un periodo al que debes dar atención:

Del 4 al 30 de marzo hay mucha acción en Aries, que es tu zona profesional pero también la zona de metas, y si eres mujer Cáncer, es la zona donde si hay mucha actividad, no dudes que habrá cambios en tus relaciones. Venus retrógrada, Marte, Mercurio y el Sol pasando por esa zona estarán en tensiones con Plutón (planeta de la transformación) en la zona de parejas. Parece que de la oportunidad profesional o de tus ganas de volver a estudiar se crean conflictos con el otro porque "eso no estaba en los planes". Uno de los dos puede estar queriendo más libertad, mientras que el otro quiere la misma rutina de siempre. A lo mejor te dan a ti la visa de trabajo, pero al otro no y así... Tal como lo mencioné en la sección de trabajo, mientras Venus está retrógrada del 4 de marzo al 15 de abril resolverás esto dentro de ti, y son justamente las tensiones que se dan en este periodo las que mostrarán si la relación vale la pena o no, o quién está dispuesto a ser flexible. Del 30 de marzo al 8 de abril tenemos un breve periodo un poco más fuerte: la tensión entre el Sol en Aries (metas) *vs.* Júpiter en Libra (estabilidad), y luego una cuadratura a Plutón (transformando tus relaciones) lleva el asunto a un clímax y será fácil ver si pueden superar esto o es mejor dejarlo ya. Si estás felizmente casado todo esto tiene que ver con cómo producir más para sustentar a tu familia, al mismo tiempo que tú ya vienes trabajando en bajar el estrés. La clave es la comunicación y la búsqueda de balance.

La buena noticia es que todos los nuevos patrones que tendrás que integrar a través de alguna relación buscan darte libertad. Puede tratarse del cambio que vivirás al decidir mudarte por primera vez con alguien, al tener que atender asuntos de la familia o al empezar a crear una nueva dinámica con tu pareja luego de que tus hijos se vayan de casa.

Luego vienen junio y julio, que son meses en los que los planetas te estarán visitando y tendremos una cuadratura cardinal completa. Este es el periodo en el que se habla de mudanza juntos o separarse, compra o alquiler de casa, cuánto necesitan, si quieren casarse antes de mudarse juntos, si quieren tener hijos o vivir una transición con uno de sus hijos. Lo bueno es que en junio Júpiter en tu zona de hogar, familia y raíces despierta de su retrogradación y por eso se abren las puertas y verás oportunidades para:

- Mudarte a un mejor lugar.

- Tener un espacio más grande.

- Remodelar tu espacio actual.

- Iniciar familia, o llega a vivir un miembro de tu familia contigo.

- Luchar por sustentar a tu familia y obtener resultados.

- Disfrutar de tu casa.

- Enriquecerte internamente.

- Obtener la visa, residencia o ciudadanía.

- Renovar el amor con tu pareja.

Luego, al inicio y final de agosto Júpiter tendrá alineaciones que terminan de sellar el futuro de una unión y si estás soltero, los eclipses de ese mismo mes te ayudan a liberarte del pasado, superar a un ex y abrirte a una nueva relación, abrirte más sexualmente.

Ya con esto llegamos al final del año, que es cuando Júpiter llega a Escorpio y la cosa mejora muchísimo, sobre todo para los solteros. La visita de Venus a Escorpio del 7 de noviembre al primero de diciembre será un periodo de mucha atracción y momentos de intensidad. Otra fecha favorable para iniciar una relación es la luna nueva en Escorpio el 18 de noviembre.

Todo lo que acabo de mencionar con relación a la visita de Júpiter, Venus y la luna nueva en Escorpio favorece a las personas Cáncer en feliz unión en su búsqueda de bebés, o en sus ganas de trabajar por un plan juntos. Primero era importante que Cáncer aprendiera a crear su estabilidad de adentro hacia afuera, y ese es el proceso de los nueve primeros meses del 2017.

SALUD

Aunque Júpiter en Libra no está en tu zona de la salud, sí está en la zona de la estabilidad y antes de trabajarla afuera hay que trabajarla adentro. Una de las manifestaciones de Júpiter en Libra es el balance de la energía femenina y masculina, y para ti eso se traduce en balance hormonal, en dejar que te ayuden, aprender a regular emociones y gracias a eso crear bienestar. Dime tú si eso no te lleva a sentirte saludable.

Claro que como ya has leído, Júpiter en Libra tendrá sus tensiones, pero considéralas como la presión necesaria para despertar y dejar de tratarte en piloto automático. Recuerda que una de las cosas que ese planeta de la abundancia quiere para ti es que busques tiempo para disfrutarte, que te sientas cómoda en tus espacios, que entiendas que eres libre de diseñar tu vida.

En la zona de la salud en sí está el Sr. Saturno. Ya esta energía la conoces. Si piensas en cómo fue el 2016, puedes hacer un *check list*:

- ¿13 horas sentado trabajando?: ¡Saturno!

- ¿Dolor de huesos?: ¡Saturno!

- ¿Terapia por dolores de espalda?: ¡Saturno!

- ¿Me dijeron que tenía que dejar los lácteos?: ¡Saturno!

- ¿El trabajo era en equipo y terminé haciendo todo?: ¡Saturno!

- Solo hablo de trabajo: ¡Saturno!

- Mi esposo/a me dice que no tengo tiempo para él/ella: ¡Saturno!

Claro que Saturno en el 2016 no tuvo ni un ratito feliz, pero este año la cosa es diferente porque aunque tiene tensiones en junio, el resto del año tiene alineaciones con "aliados"; por eso, crear una nueva rutina saludable, comer mejor, dejar una adicción (con la ayuda de Júpiter en Libra), regularte, manejar las situaciones de estrés de manera proactiva en vez de reactiva, mejores horas de trabajo y más movimiento que contrarreste el tiempo que estás sentado no solo es posible, sino que hay ganas, que en verdad es lo importante. Este es un año en el que puedes proponerte llegar a tu peso ideal, rehabilitarte, fortalecerte y amarte más.

LOS ECLIPSES

1. **Eclipse de luna llena en Leo el 10 de febrero**

   Este eclipse cae en tu zona de autoestima, valor, valores, salario, posesiones y propiedades. Este es un eclipse emocional y de finales. Se trata de considerar el cambio de

trabajo, cambiar la fuente de ingresos o dejar de dar valor
y atención a algo que ya no te da satisfacción o no está
funcionando. Como los eclipses vienen en pares y cuentan
una historia, saber del próximo te hará ver la situación de
manera más clara.

2. **Eclipse de Sol en Piscis el 26 de febrero**

Este eclipse es de Sol y es en luna nueva, así que representa inicios. Este es el eclipse que trae una oferta, así que si vemos estos eventos juntos, se hace evidente que ya venías con falta de satisfacción laboral o en una relación, y que estos eclipses presentan una nueva realidad posible, lo que tienes es que atreverte. Tal como mencioné antes, espera al menos un mes para ordenar tu cabeza y comunicar tu decisión.

3. **Eclipse de luna llena en Acuario el 7 de agosto**

Este eclipse es como salir del clóset, y no me refiero a tu sexualidad en sí, sino más bien a dejar de esconderte de ti mismo y liberarte. Este eclipse de Luna es emocional y rompe cadenas, miedos o limitaciones que tú mismo te creas. Desde "me quiero independizar", "pagué mi tarjeta de crédito", hasta "me libero de un ex" o "acepto lo que me gusta", te darás cuenta de que tu energía y atención alimentaba la limitación, que ya no da para más.

4. **Eclipse de Sol en Leo el 21 de agosto**

Este eclipse es muy favorable. Es de Sol, así que se da en luna nueva y representa inicios. Ya sabes qué valoras, quieres ir por ello, quieres estabilidad y vivir en tu verdad. Es buena energía para renegociar tu salario, reencender una relación o darte la oportunidad de abrir tu corazón una vez más.

FASES RETRÓGRADAS DE MERCURIO

Antes que nada, debes saber que hay dos momentos importantes de decisión para ti que encuentran a Mercurio retrógrado:

- El 26 de febrero hay un eclipse sobre el que tomarás una decisión que cambia tu dirección de vida y la luna nueva en Aries el 23 de marzo es buen momento para hacerlo, pero encuentra a Venus retrógrada y luego a Mercurio. Si tomas la decisión el 29 de marzo, estás a salvo.

- El 21 de agosto es el eclipse en Leo, que es bueno para renegociar salario o reconciliaciones. En esos temas puedes actuar porque es un renegociar, reconciliar. Trabaja en eso que quieres y no desistas hasta que termine la sombra de Mercurio el 19 de septiembre y muestre el nivel de compromiso de las partes envueltas.

Este año Mercurio retrograda cuatro veces, y para ti influye (de manera general y siempre que este pequeñín retrograda) en cuestión de papeleo, trámites, proyectos y toma de decisiones. Miremos, ahora sí, las retrogradaciones:

1. **Entre Capricornio y Sagitario, del 19 de diciembre del 2016 al 8 de enero del 2017**

   Esta retrogradación se da en tu zona de trabajo diario. Mientras cerrabas el 2016 te entraron ganas de cambiar tu rutina, tu trabajo y bueno... ya sabes lo que viene después con los eclipses de febrero. El cambio viene y todo empezó en esos momentos de introspección de Mercurio retrógrado.

2. **Entre Tauro y Aries, del 9 de abril al 3 de mayo**

Esta retrogradación se da en tus zonas de amigos, ambiente social, clientes y la de estatus. En la sección del amor te comenté que uno de los periodos más tensos es el del 30 de marzo al 8 de abril, y el día después empieza esta retrogradación que te ve con menos ganas de salir y socializar mientras te concentras en resolver asuntos privados. También puede representar el periodo de reflexión con una pausa en tu relación. ¿Quién se queda con los amigos? ¿Voy al mismo lugar que va él/ella? ¿Comunico que la relación está pasando por cambios? A nivel profesional, este es un buen periodo para contactar viejos clientes o personas que generan conexiones que necesitas.

3. **Entre Virgo y Leo, del 12 de agosto al 5 de septiembre**

Esta retrogradación se da justo en temporada de eclipses y es la que más afecta la toma de decisiones relacionadas con el valor o dinero. Aunque es una retrogradación buena para renegociar salario o reconciliarte con alguien, tu mente puede estarte jugando con indecisión a pesar de saber que mereces ganar más o que quieres estar con él o ella. Por eso, antes de iniciar la reconexión o reunirte con tu jefe/cliente, reflexiona sobre lo que quieres, de todas maneras el eclipse del 21 de agosto ayuda en cuanto a claridad, aunque llegue un par de días después del evento.

4. **En Sagitario, del 3 al 22 de diciembre**

Esta retrogradación se da en tu zona de trabajo diario, rutina y calidad de vida. Este es un periodo merecido de desconexión. Si te organizas de verdad puedes desconectarte de la rutina, si no, este será el periodo en el que tocará entregar todo lo que debes en el trabajo y no habrías tomado la lección del año. Otro "astrotip" con esta retrogradación: haz tus planes de viaje antes del 14 de noviembre, que es cuando Mercurio empieza a actuar raro, pues empieza la sombra.

LO QUE DEBES SABER PARA APROVECHAR AL MÁXIMO ESTE AÑO

Lo más importante para aprovechar el 2017 es hacerte consciente de las lecciones y señales que recibiste en el 2016 en cuanto a tu estilo de vida, tu salud y bienestar. La mala administración de tu energía en esos temas creó alteraciones en tu trabajo, y ahora que creciste y aprendiste del desbalance que viviste, en el 2017 vamos a apuntar justo a lo contrario... al balance. Porque aquellos que ganaron reconocimiento restaron atención al amor, los que asumieron un mejor cargo o emprendieron no disfrutaron al máximo su vida en familia, y a los que no se pusieron las pilas para trabajar les acecharon las deudas y discusiones con la pareja. Hazte consciente de lo importante que es tener balance y de que no hay verdadero éxito sin bienestar personal.

• 23 DE JULIO

LE

REGENTE
Sol

MODALIDAD
Fijo

Elemento •·····················
Fuego

Gema •·······················
Cornalina

OVER

Por muchas razones, este es un año muy importante para ti, pues los eclipses en tu signo y en Acuario generarán cambios en tus planes y en cuestión de socios y parejas. Este será uno de los temas más importantes del 2017.

Para que tengas una idea, los eclipses son los eventos que nos alinean con nuestra misión de vida y en tu signo, de esta manera, no pasaban sino hace 19 años. Ahora con los que vienen ajustarás las velas de tu barca y cambiarás la dirección. Muchos planes creados con base en el ego caerán para poder trabajar una visión más auténtica de vida y esto envuelve a otra persona importante para ti.

VIEW

Aparte de los eclipses, el ingreso de Júpiter (planeta de la expansión) al signo Libra que sucedió al final del 2016 te da chance hasta octubre de este año para lograr excelentes resultados en relaciones, asociaciones, contratos y planes que te impulsan al crecimiento. Otro indicador importante de este año es que el Sr. Saturno se queda hasta diciembre en tu zona del romance y por eso los compromisos o crear situaciones de permanencia con el otro serán una realidad.

LO QUE HACE TU PLANETA
REGENTE ESTE AÑO

Te rige el astro rey: el Sol. Desde nuestro punto de vista, no retrograda, sino que cumple el mismo ciclo todos los años.

Los mejores periodos para ti

- La visita del Sol a Acuario, del 19 de enero al 18 de febrero, porque es el paso de tu regente por la zona de socios y parejas, un momento para tomar en cuenta al otro, mejorar la comunicación, ver qué quieren, cuál es el potencial que tienen juntos y si el compromiso sigue vivo. Este año este periodo es extraimportante porque tendremos un eclipse en tu signo el 10 de febrero, que trae cambios en tus relaciones, y como el Sol estará en Acuario la otra persona hará ver su posición, en vez de dejar que lleves el control como usualmente suele pasar con Leo.

- La visita del Sol a Aries, del 20 de marzo al 19 de abril, porque el Sol estará en trino a tu Sol natal en Leo, ayudándote a moverte con tus ideas, viajar o salir de la zona cómoda, pero con un poco de resistencia debido a una retrogradación de Mercurio que se mete en el medio. Aparte, el clima astrológico de este ciclo es muy cargado, pues Venus estará retrogradando también en Aries y Piscis, así que es mejor tomar este tránsito para reconsiderar muy bien una relación a distancia, o si realmente quieres recorrer la distancia por una meta que en ese momento ya no te parece una prioridad. Personas Leo que estén en relaciones a distancia o que estén impulsando un proyecto ambicioso pueden sentir que el aire bajo sus alas fue apagado, pero es justo en ese momento que te darás cuenta de qué te enciende internamente y qué no, qué era del ego y qué va con tu yo auténtico. Después de este periodo sentirán muchas ganas de sazonar su vida con cosas nuevas, pero por otros factores esas "ganas" tendrán que esperar hasta la mitad del año.

- La visita del Sol a Tauro, del 19 de abril al 20 de mayo. Aunque ese es el tiempo que el Sol visita ese signo, que es tu zona de reconocimiento y éxito, será después del 3 de mayo que puedas efectivamente buscar nuevas opciones de trabajo o impulsar proyectos, porque es cuando Mercurio arranca directo. Si necesitas trabajo, no te voy a decir "búscalo", sino "encuéntralo" porque necesitarás entrada de dinero y estabilidad para junio y julio.

- La visita del Sol a Leo. El Sol te visita del 22 de julio al 22 de agosto y es tu momento. Este año coincide con la segunda temporada de eclipses y con Júpiter (expansión) en tensión con Plutón (transformación), por eso es un periodo decisivo en cuestiones de parejas, socios y la búsqueda de un cambio de estilo de vida muy notable, como una mudanza, embarazo o final de una relación sin futuro. Este mes es para darte atención, para resolver asuntos con otra persona importante para ti y para reconectar con tu amor propio. Mereces lo mejor.

- La visita del Sol a Virgo, del 22 de agosto al 22 de septiembre. Este sería tu mejor tránsito del Sol para hacer dinero, para crear estabilidad después de la toma de decisiones con los eclipses, pero Mercurio retrógrado interfiere, pero no de mala manera, pero sí te hace un poquito más de reto lograr una meta material. Lo bueno es que en cuanto a valoración personal y amor, las cosas están pintando muy bien.

- La visita del Sol a Escorpio, del 23 de octubre al 21 de noviembre. En este tránsito el Sol conectará con Júpiter (expansión) recién entrado en ese signo, que es tu zona del hogar, familia, raíces. Escorpio es el signo de la transformación que iniciamos al desear algo con mucha fuerza, desde lograr comprar tu propia casa o salir embarazada. Este momento es de echar raíces y marca el tono energético del 2018.

- La visita del Sol a Sagitario, del 21 de noviembre al 21 de diciembre. El Sol estará en trino a tu Sol natal en Leo en tu zona de creatividad, hijos, romance y diversión. Mercurio retrógrado se mete una vez más, pero puede favorecer a las personas Leo que en ese momento desean reconectar con alguien. El tema de los bebés sigue fuerte, así como las ganas de crear algo que sea tuyo, tu propio proyecto, y más adelante verás que Saturno ingresando a Capricornio ayuda.

De lo que hará el Sol este año, lo más importante son los eclipses, porque es protagonista, pero eso lo voy a dejar para el final, en la sección especial.

TRABAJO

Aunque no tiene que ver directamente con tu zona de trabajo o de éxito, los eclipses en tu signo cambian la dirección de tu vida. Entiende: todo lo que no es real se disuelve, y los eclipses nos llevan a vivir ese proceso de manera acelerada. Sé que tienes planes de negocios, asociaciones o proyectos para el 2017, pero ten la mente abierta a que esos planes van a cambiar.

En cuestiones de trabajo, debes saber que en tu rueda zodiacal hay dos zonas que se refieren a este tema. Una es la del trabajo diario, ocupada por el signo Capricornio, y la otra es la del éxito, ocupada por el signo Tauro. Cada vez que hay planetas pasando por esos dos signos, los temas de trabajo e impulso profesional están en el *spotlight*.

El primero de esos momentos es al inicio del año que el Sol está en Capricornio, que es tu zona de trabajo diario, hábitos y estilo de vida, uniéndose con Plutón, que es el planeta de la transformación. Esto pasa todos los años, y pensar cómo fue la primera semana del 2016 te dará una pista sobre lo que viene. La diferencia es que este año la unión entre tu regente el Sol y el planeta de la transformación se da con Mercurio arrancando directo y no con Mercurio empezando a retrogradar, como sucedió el año pasado.

En español: se ve que desde diciembre estás en pausa esperando que alguien te confirme si un trabajo o proyecto va o no va. No quieres hacer planes porque estás dependiendo de eso y después del 8 de enero recibes respuesta, una que no era exactamente lo que querías o esperabas; sin embargo, le pones emoción y te pones en moción. Gracias a la ayuda de Júpiter (oportunidades) en tu zona de negociaciones, puedes mejorar los términos, pero nota si la situación está muy forzada, ya que, por ejemplo, el 11 de enero tenemos una tensión que te deja a ti dando más del 150 por ciento en una situación donde el otro también había quedado en colaborar.

Eso nos lleva al eclipse en tu signo del 10 de febrero, que es de luna llena, así que es de finales e implica cambio de planes en un negocio de energía femenina, con una mujer que bien puede ser socia o colaboradora. Ese eclipse apenas empieza a hacerte consciente de que estás cansado de dar y no sentir que hay equilibrio o justicia entre lo que los integrantes del proyecto o negocio hacen, pero dentro de ti hay apego a la situación porque es como tu bebé, o no quieres agitar las cosas porque ya tienes mucho en tu plato. No hay manera de evitar ver lo evidente o tapar el sol con un dedo, ya que el 26 de febrero tendremos el segundo eclipse del año y será en Piscis, que es tu zona de cuentas conjuntas, dinero compartido y confianza. El eclipse es sumamente positivo, pero es eclipse de Sol, de tu regente, y al final se siente como un apagón y al encender las luces de nuevo la realidad es otra. Si bien es cierto que este eclipse puede tener más relevancia en cuestiones amorosas que discutiremos más adelante, es un eclipse que disuelve una asociación, un negocio en el que trabajabas por comisión, en el que tenías acciones o en el que otra persona ejercía mucho control, por ejemplo, cuando trabajas con un manager o agente y caes en cuenta de que no estaba tomando las mejores decisiones. No todos los Leo van a disolver una asociación, pero sí caerán en cuenta de los ajustes que hay que hacer, de que deben cuidar sus intereses, su dinero y hasta su privacidad. Para muchas mujeres, Leo se trata de que su interés, a lo que dan valor, su prioridad, deja de ser el trabajo y pasa a ser la familia o un embarazo, ya que este es un tema súper importante este año.

Dicho esto, aunque enero y febrero muestren retos, hay mucho que aprovechar. Resulta que este periodo es favorable para las personas Leo que están buscando descubrir su propósito, qué les gusta de verdad, en qué quieren trabajar. Un despido, renuncia, disolución de asociación da espacio y tiempo para invertir en ello.

También que en este periodo Marte (planeta de la acción) estará transitando por Piscis, que es esa zona de cuentas conjuntas o dinero compartido, y las circunstancias te llevarán a tomar riendas en el asunto, que es aprender a administrarte, que es clave para el 2018.

En cuestión de finanzas, otro periodo a tomar en cuenta es el de marzo y abril debido a la retrogradación del planeta Venus, que rige el deseo. Esta retrogradación significa para ti el cambio de deseo que tenías en un proyecto, trabajo o asociación. Tal como te expliqué antes, este año marca varias veces con patrones energéticos que estarás cambiando de enfoque y prioridades, y que una eventualidad como una discusión o diferentes puntos de vista con tu socio, ver que el negocio no está dando, te impulsan a perseguir un sueño. Eso afecta las finanzas en el sentido de que no es un momento de mucha producción, más bien debe ser un momento de mejorar tu administración y ahorro, porque después de la luna nueva en Tauro (tu zona del éxito), que se dará el 26 de abril, y la visita de Venus a esa zona del 6 de junio al 4 de julio, parece que nace un nuevo emprendimiento. Lento pero seguro (gracias a una de las retrogradaciones de Mercurio), darás a luz a una idea o proyecto creativo personal. Si sigues en la asociación, ese es el periodo para revivirla con un nuevo plan de negocios.

Si no estás asociado ni trabajando, ese periodo de abril a junio es el mejor para buscar trabajo. Contacta personas del pasado, que te pueden ayudar.

Julio es otro mes a tomar en cuenta. Tendremos tensiones cardinales que de hecho te ayudan a despertar tu creatividad. Varias alineaciones al planeta Plutón (transformación), que está en tu zona de trabajo diario, hábitos y calidad de vida, más la luna llena el 9 de ese mes, te ayudan a reinventarte. El nuevo proyecto estará mostrándose o estás terminando tu libro, tu colección, etc., y te preparas para promocionarlo más adelante. Quisiera decirte que en agosto, pero Mercurio retrógrado hará de las suyas y lo mejor que puedes hacer para aprovecharlo es negociar muy bien cuánto cuesta tu labor o cuál es el precio más justo.

Si tienes dudas sobre cuándo es el mejor momento para promocionar, es después del 5 de septiembre. Mercurio estará directo, hay planetas transitando en tu zona del dinero, Marte (acción) está cooperando, Júpiter (expansión) está en sextil a Saturno (compromiso y resultados) en tu zona de la creatividad... está todo alineado. Usa ese momento que va hasta el 23 de octubre.

Ya para cerrar con este tema, debes saber que al final del año hay dos movidas importantes en cuestión de dinero, negocios y estabilidad para ti. Júpiter, que es el planeta de la expansión, entrará en Escorpio por primera vez en 12 años y Saturno, que es el planeta de las estructuras, entrará en tu zona de trabajo diario. El 2018 promete mucho para ti en cuestiones de trabajo, éxito y estabilidad, porque no hay tanta dependencia de otros, y porque has aprendido a confiar en tu intuición, a saber con quién colaborar o no.

AMOR Y FAMILIA

Al hablar del amor, el 2017 es un año de cambios. Los eventos más importantes son los eclipses, sobre los cuales hablaré más adelante, la visita de Júpiter (planeta de la expansión) al signo Libra, que es el de las relaciones, y Saturno (estructura, compromiso) quedándose un año más en Sagitario, que es tu zona de romances.

Para hacértelo muy simple, explico cada uno de estos factores.

Júpiter en Libra

Júpiter es el planeta de la expansión y está en Libra desde el 9 de septiembre del 2016 hasta el 10 de octubre del 2017. Júpiter en Libra ocupa tu zona de la comunicación, pero tomando en cuenta que Libra es el signo de las relaciones y que la base de estas es justo la comunicación, este tránsito te favorece. Primero, porque empezarás a entenderte mejor, empezarás a pensar en colaboración pero no por conveniencia, sino real y auténticamente, debido a la retrogradación de Venus en Aries entre marzo y abril. A Leo siempre se le da muy bien conectar con otros, pero conectar realmente con alguien que le mueva por dentro no es muy común, y este año es energía presente los cinco primeros meses del año. Como Júpiter también representa maestros, manifiestas un encuentro con alguien que se siente de esa manera, que te reta, que es inteligente, que es educado, viajado, a quien no puedes darle la vuelta tan fácilmente y eso es fascinante. Claro que hay otros patrones energéticos que tomarán tu atención, y hasta puede que estés enganchado con alguien y aparece esta persona en esos primeros meses del año, pero bueno... los eclipses te ayudarán a decidir. Si estás feliz en pareja, Júpiter en Libra ayuda a que se entiendan mejor. Con los eclipses encima es importante tomar esta ayuda, sobre todo si trabajan juntos.

Si están de novios, Júpiter directo y en alianza con Saturno al final de agosto representa un compromiso o hijos, ya saliendo más fuertes de los eclipses que les hacen entender que la unión es para siempre. Si una relación de novios se termina muy cerca de los eclipses, entiende que no era para ti.

Saturno en Sagitario

Saturno es todo lo contrario a Júpiter. Saturno representa límites, compromiso, estructura, trabajo duro y resultados. Saturno está en tu zona de romances, proyectos creativos e hijos, manifestando en esos temas justamente por qué estás poniendo límites de cuidado propio, por qué no te conformas, por qué estás trabajando en ti. El lado no tan positivo es que puedes estar muy serio en esto de manifestar una relación, buscando una situación seria apenas comienza sin darle chance a que se desarrolle naturalmente. Observa esas tendencias y seguramente ya lo entiendes, porque todo el año pasado Saturno anduvo en esas. El amor, el romance, el disfrutar con otros no debería sentirse como un trabajo. Entiendo que quieres una relación con estructura y que estás cansado de jugar, pero trabaja dentro de ti, cúmplete lo que te prometes, comprométete contigo mismo y no pierdas tu chispa jovial con los demás. También supera la urgencia por la validación personal o eso de que siempre tienen que verte con alguien. De nuevo, esto no es un trabajo ni hay que conservar las apariencias (¡Ay! Es que Saturno rige el "deber ser"), relájate. Lo bueno es que Saturno este año tendrá muy buenas alineaciones que te ayudan a:

- Mantener tus estándares en lo que quieres compartir con alguien y en el tipo de persona que quieres, pero ya no serán de su título universitario o de asuntos materiales, sino alguien con quien te sientas a gusto y que, como tú, está buscando estabilidad.

- Enfocarte en el amor más que en el trabajo.

- Si eres mujer, no ver el embarazo como un sacrificio, más bien como un regalo.

- Relajarte en la crítica, juicio o demandas que haces a tu pareja.

Entiende que con Saturno en esta zona de tu carta no estás de humor para locuritas de una noche, sino para una relación a largo plazo. Si cerca de los eclipses o en periodos como el inicio de marzo, mitad de mayo o finales de agosto esa persona te demuestra otra vez que no quiere algo serio, lo mejor es aclarar la situación.

Quiero mencionar una vez más que Saturno en Sagitario es indicador de embarazos para quienes ya están en la labor de buscar. Además, el eclipse en Piscis al final de febrero es de fertilidad.

Junio es un mes en el que los solteros del signo Leo pueden conocer personas nuevas. Su zona social estará muy activa, Saturno estará retrógrado bajando un poco las defensas y la urgencia por enseriar una relación, en vez de dejar que se desarrolle. Del 2 al 20 de junio son sus mejores días.

Eventos lunares

En cuestiones del amor también hay que tomar en cuenta eventos lunares como:

- La luna nueva en Acuario del 27 de enero, que es un inicio de planes con socio o pareja, o el inicio de una relación.

- La luna llena en Sagitario el 9 de junio, que es una conclusión emocional en cuestiones de romance. Si vas conociendo a alguien, verás quién es de verdad. No es un evento negativo. ¡Al contrario! Se trata de ver al otro como de verdad es y no con expectativas.

- La luna nueva en Libra el 19 de octubre, que cambia la dinámica en tu relación. Es momento de crear equilibrio entre ustedes.

Mejores momentos para matrimonio

Si con todos estos eventos se da el compromiso (esos eclipses en agosto están calientes), las mejores fechas para matrimonio son del 26 de septiembre al 5 de octubre, y el 16 y 17 de octubre.

LOS ECLIPSES

1. **Eclipse de luna llena en Leo el 10 de febrero**

   Los eclipses de Luna son emocionales, este brinda una conclusión a un asunto que empezó en agosto del 2016. Por una lado, este eclipse te hará consciente de si una relación no funciona (incluso si es con una amiga), pero como Júpiter en Libra está retrógrado al momento, hay chances de repararla, pero hay que fortalecer la comunicación o cambiar cómo expresan sus afectos.

2. **Eclipse de Sol en Piscis el 26 de febrero**

   Este eclipse es de Sol, por tanto, es de inicios, de luna nueva. Este eclipse ocurre en tu zona de la intimidad y cuentas conjuntas. Como mencioné antes, lo que no es real se disuelve, y eso incluye relaciones en las que no hay posibilidad de reparar, para ese momento lo sabrás. Para quienes sí quieren invertir en su relación, se crea otro tipo de compromiso, no es uno expreso, sino una unión emocional y espiritual. Este eclipse es también de fertilidad. Si no estás pensando en bebés, piensa en volver a abrirte y dar tu 100 por ciento, puede que estés conociendo a alguien de quien vale la pena enamorarse, así que no cierres tu corazón.

3. **Eclipse de luna llena en Acuario el 7 de agosto**

Este eclipse es de luna llena. Es un eclipse emocional que ocurre en tu zona de socios y parejas. Este es el más fuerte, el que deja solo la verdad, las relaciones que tienen potencial. Si estás en una relación que depende de tu energía para mantenerse en pie, te darás cuenta de que no puedes seguir trabajando por los dos. Un cambio en la vida de tu pareja puede afectarte. Lo bueno es que para personas que están felices en su relación, este eclipse presenta un cambio, como por ejemplo un compromiso. Este eclipse es el que más afecta las relaciones a distancia, ya que los Leo se darán cuenta de que quieren a alguien cerca que les motive, que les encante, que les profese su afecto a diario.

4. **Eclipse de Sol en Leo el 21 de agosto**

Este eclipse ocurre al mismo tiempo de tu luna nueva y es muy positivo aun con Mercurio retrógrado. Es volver a comprometerte contigo mismo, con lo que quieres. Un viaje te lleva a conectar con personas interesantes o de alguna manera el elemento extranjero, diferente, está presente, así que puede que conozcas a alguien muy diferente a ti pero que se siente como de toda la vida, o puedes reconectar con alguien que significó mucho para ti en el 2011 y 2012. Básicamente, este eclipse se trata de recordarte quién eres, y si tenías tiempo perdido, sin conectar contigo, aquí tendrás la reconexión con tu poder personal y carisma.

SALUD

Tu zona de la salud estará muy activa al inicio del año. La luna llena en Cáncer el 12 de enero puede ser un momento que te avisa que debes cuidarte mucho mejor y hacer cambios en tu alimentación.

En junio y julio esta zona se activa de nuevo y por la cuadratura cardinal pueden ser momentos de estrés, así que desde mayo toma tus precauciones. Administra tu energía, haz ejercicio.

Otro dato importante es evitar cirugías en momentos cercanos a los eclipses, sobre todo si son estéticas.

Último pero no menos importante: al final del año, que Júpiter está en Escorpio y Saturno entrado en Capricornio, estarás empezando un ciclo de 10 meses para fortalecer tu salud, balancear desórdenes hormonales, sentirte más cómodo con tu cuerpo y con tu sexualidad.

FASES RETRÓGRADAS DE MERCURIO

1. **Entre Capricornio y Sagitario, del 19 de diciembre del 2016 al 8 de enero del 2017**

    Aunque esta retrogradación termina el 8 de enero, representa dudas en cuanto a invertir el todo en una relación o proyecto en asociación. Después de lo que has leído, sabes que esto se enlaza con los eclipses de febrero. Por eso, no tomes grandes decisiones en esos temas hasta que sientas que estás claro, pero debes saber que si una oportunidad de trabajo se presenta el 9 de enero vale la pena considerarla, porque Mercurio va arrancando mientras Júpiter en Libra está negociando algo bueno con Saturno en Sagitario, pero sería un chance para ti, más que un chance para tu asociación.

2. **Entre Tauro y Aries, del 9 de abril al 3 de mayo**

Esta retrogradación se junta con la energía de Venus (deseo) retrógrada. Este es un momento para escucharte... ¿Qué quieres en cuestiones de trabajo? ¿Qué es para ti el éxito? ¿Quisieras hacer cambios en tu dirección de vida o en como luces? Este periodo afecta a las personas Leo que trabajan con otros a distancia, viajando, o que han estado en la búsqueda de su propósito y se sienten perdidos, pero en los próximos meses, sobre todo en agosto, estas preguntas serán respondidas. Ahora... ¿sabes lo que sí vale la pena hacer en esta retrogradación? Contactar a personas con las que trabajaste en el pasado, volver a estudiar o desempolvar un proyecto que habías dejado olvidado. Evita hacerte cambios de imagen profesional hasta que esta retrogradación se haya acabado.

3. **Entre Virgo y Leo, del 12 de agosto al 5 de septiembre**

Esta retrogradación coincide con la temporada de eclipses como para tomarte esos cambios con calma. Mercurio empieza a retrogradar en tu zona de valor, dinero, salario. Conviene renegociar en estos temas, o evaluar cuánto vale tu trabajo y hacer cambios cuando la fase termine. Como Mercurio retrograda y se devuelve a tu signo, este es otro periodo de no tocarte ni el cabello... Nada de cambios de *look*. Tal como te comenté en la sección del amor, esta retrogradación puede verte conectando con alguien del pasado muy pasado con quien eras muy tú y no sentías que tenías que editarte, o conectando con alguien nuevo pero que como es un *karmamate* se siente como si lo conocieras desde siempre.

4. **En Sagitario, del 3 al 22 de diciembre**

Con esta retrogradación, las relaciones nuevas bajan las revoluciones, puede que los planes de tener bebés para quienes decidieron empezar a buscar después de los eclipses de agosto queden para el año que viene y que planes de viaje, exploración y aventura no salgan como estaban planeados. Si es importante para ti esa escapada con tu *lover*, planifícala muy bien antes del 14 de noviembre.

LO QUE DEBES SABER PARA APROVECHAR AL MÁXIMO ESTE AÑO

El 2017 es un año de crecimiento personal, de autoexploración y darte cuenta de que en años anteriores perdiste mucha energía tratando de mantener fachadas, y no en mala onda. El deber ser está presente, tienes trabajo y compromisos, pero ya llegaba la hora de la renovación. Al final del 2016 hubo planes que no se dieron porque no son parte de la evolución de tu experiencia humana, como para que tomaras pistas y ajustaras la brújula. Claro que en ese momento, aunque tuvimos un eclipse en Acuario, los Nodos del karma aún no estaban contigo y no habías tenido un eclipse en tu signo. Este año tienes dos eclipses y por eso lo que no es real se disuelve, y aunque esta frase te lleve a pensar en vínculos con otros, entiende que lo que se disuelve afuera ya estaba disuelto adentro, que ya no estaba conectado contigo en realidad. Puede ser un proceso difícil ver que terminan asociaciones, proyectos o amistades, que las prioridades cambian porque adquieres nuevos intereses y que la ruptura con el pasado que se marcó con el eclipse de agosto del 2016 ahora es real. No temas, que lo que queda después de la limpieza es tu luz.

VIR

REGENTE
Mercurio

MODALIDAD
Mutable

Elemento •
Tierra

Gema •
Amazonite

GO

OVER

Uno de los años de más crecimiento para ti fue el 2016, y ahora que empieces a verlo en retrospectiva no te quedará duda.

Las lecciones que tomaste te han preparado para que este año aprecies quién eres, tus oportunidades y te abras de nuevo al amor.

Te pregunto: ¿terminaste una relación importante en el 2016? ¿Te separaste de un amigo de siempre? ¿Perdiste a alguien que era incondicional para ti? ¿Te diste cuenta de que tú eras incondicional para alguien que estaba contigo condicionalmente?

Sé que los eclipses en tu signo y en Piscis, que es tu zona de socios y parejas, limpiaron todo lo que no convenía, y aunque a veces no lo entendemos en el momento, el tiempo da la razón.

Aunque aún queda un eclipse en Piscis y puede que ya estés en los juegos deliciosos del amor una vez más, la verdadera apertura se da este

VIEW

año gracias a la visita de Júpiter (expansión) al signo Libra, que es el signo de las relaciones y cuyo tránsito mejora tu autoestima. Cree en ti mismo, que es la base para todo lo demás. Las conexiones que Júpiter en Libra creará con otros planetas serán la tensión ideal para que superes miedos y una vez más entregues tu 100 por ciento, pero esta vez poniéndote como prioridad.

Aparte del tema del amor, este es un año en el que reconectarás con tu voz interna. Tu mundo interior se enriquecerá así como tus prácticas espirituales. Muchas mujeres Virgo estarán saliendo embarazadas por primera vez y su estilo de vida cambia, mientras la visión que venían cultivando sobre lo que es vivir en familia empieza a materializarse. Todo en tiempo divino, verás que no estabas tarde.

LO QUE HACE TU PLANETA
REGENTE ESTE AÑO

Te rige Mercurio y, como siempre, tiene sus fases retrógradas. Antes de profundizar en ese tema tan interesante, hablemos de los tránsitos que tendrá tu planeta que puedes aprovechar este año.

Cuando el 2017 inicia, Mercurio está retrógrado en Sagitario pero arranca el 8 de enero, así que no empezamos mal. Dudas sobre si mudarte o no con alguien, o sobre comprar, alquilar o aceptar un compromiso serán despejadas en este transitito retrógrado y cuando ya esté directo tomarás decisiones. Como en enero hay mucha actividad en tu zona de romance, pero con Plutón en el "mix" nos puede dar miedo la entrega, nota si lo que te detiene es miedo que viene de una relación pasada o si la persona con la que estás haciendo planes de verdad te ha dado razones para desconfiar. Un día para hacer este trabajo de cuestionamiento será el 29 de enero y para tomar una decisión, el 3 de febrero.

Del 7 de febrero al 25 de febrero Mercurio estará en Acuario, que es tu zona de trabajo diario, rutina, salud y calidad de vida. Ese es el mejor periodo para enfocarte en tu salud, en las resoluciones que envuelven tu cuerpo, alimentación y entrenamiento. Intenta algo completamente nuevo este año, ya que por ese momento tendremos un eclipse que te lleva a superarte, a evolucionar y dejar atrás un mal hábito o adicción. Este periodo también puede coincidir con una mudanza de hogar gracias a la conexión entre Mercurio, Saturno y Urano, y como el 26 de febrero tenemos el otro eclipse, que es muy favorecedor para parejas, puede ser el momento de dar ese gran paso.

Del 25 de febrero al 13 de marzo Mercurio estará en Piscis, que es tu zona de socios y parejas. Es un buen momento para mejorar la comunicación con el otro y trabajar en planes ya existentes. Aquí quiero que consideres que la manera como se tratan y como se comunican las cosas va a cambiar. Verás: en Piscis han pasado muchos eventos astrológicos de cambio desde el 2015, y en este momento que ya la energía está transicionando y acaba de ocurrir un eclipse allí, se puede crear una nueva realidad al cambiar cómo se hablan, cómo planifican. Es importante tener claro si comparten valores, ideales y si saben manejar conflictos aun tratándose como buenos amigos.

A partir del 13 de marzo Mercurio entra en Aries, que es tu zona de inversión y entrega. Como Venus está retrogradando en ese signo y Mercurio va a retrogradar, queda claro que el asunto de la confianza y entrega sigue dándote ansiedad, puedes tener aún miedos escondidos que esas retrogradaciones sacan a la luz para que puedan ser trabajados. Por eso, el periodo de la mitad de marzo hasta mayo (sí... sé que es mucho, pero paciencia) es para observar si estás saboteando la relación, o si realmente se trata de problemas de comunicación entre ustedes. Recuerda que para comunicarnos efectivamente con otros debemos comunicarnos claramente con nosotros mismos. Si no estás en pareja, esto puedes experimentarlo con un socio o con un ex, pero, honestamente, después del eclipse en Piscis del 26 de febrero ya no debería haber por ahí ningún fantasma amigable. Mira hacia adelante.

Claro que puede que aunque ya no haya ex por ahí, tú sigas pensando en alguien, y este sería el periodo para dedicarte a superar la situación sin negarla. Se trabaja validando tus emociones y enfocándote en llevarte poco a poco a otras experiencias, a otros estímulos que te hagan sentir mejor.

Del 16 de mayo al 6 de junio Mercurio estará en Tauro y será un buen periodo para estudiar de nuevo, capacitarte, tomar cursos, hacer planes a largo plazo, resolver asuntos legales y considerar un matrimonio civil.

Del 6 al 21 de junio Mercurio estará en Géminis, que es tu zona de éxito profesional, cambio de estatus civil o de imagen pública. Este es un periodo para mostrar al mundo lo que has estado haciendo, para celebrar ese matrimonio o para hacer cambios a nivel profesional. Desde ya te comento que es un periodo de tensiones cardinales, pero después del 2016 estas tensiones lo que hacen es ponerte a correr para tener todo listo. Parece que estás armando un evento o presentación. Si te mantienes enfocado y te abres a recibir ayuda de otros, saldrá muy bien.

Del 21 de junio al 5 de julio Mercurio estará en Cáncer. Son semanas de mucha actividad social pero también de cansancio. Las personas tendrán la tendencia a tomar energía de ti o a contar contigo mientras también estás con asuntos pendientes en el hogar. Lo bueno es que como Júpiter estará recién directo en ese momento, estas alineaciones pueden representar el agite de mucho trabajo y si es así, y si tus finanzas están mejorando, que no pare.

Del 5 de julio al 9 de septiembre Mercurio estará entre Leo y tu signo retrograda y se devuelve a Leo. Esta temporada es importante porque coincide con los eclipses. En este tema voy a profundizar más adelante, pero de una vez te digo que un embarazo, un cliente VIP que empieza a tomar mucho de tu tiempo o un proyecto personal que aún no quieres mostrar al mundo serán los temas centrales.

Del 9 al 29 de septiembre Mercurio transita por tu signo, al mismo tiempo que Júpiter (planeta de la abundancia) está terminando ciclo en Libra. Es un buen ciclo para hacer dinero, mejorar tu salario, sentirte bien contigo mismo o iniciar una relación en la que te sientes apreciado. Las asociaciones también se ven en mejora, aunque hay cambio de planes en cuanto a políticas de venta o plan de negocios. Lo verás más claro cuando Júpiter entre en Escorpio en octubre.

Del 29 de septiembre al 17 de octubre, Mercurio estará en Libra y lo negociado/pautado en el tránsito anterior empieza a ejecutarse. Puedes lograr cerrar un contrato o resolver un asunto legal.

Del 17 de octubre al 5 de noviembre Mercurio entra en Escorpio e inmediatamente se une a Júpiter y aquí se marca una buena oportunidad, un aumento en las ventas, un cambio de modelo de negocios, el inicio de la manifestación de algo que deseaste pero como no veías el camino lo creías imposible. Presta mucha atención a este periodo porque te dice mucho de cómo será el 2018.

Del 5 de noviembre hasta enero del 2018 Mercurio estará en Sagitario y sí, es mucho tiempo porque va a retrogradar. Tienes que pensar muy bien en lo que quieres para el año próximo, porque tu vida profesional estará floreciendo, pero tu creatividad también y eso para las mujeres tiene que ver con familia, hijos, bebés y proyectos personales, así que aprovecha esta retrogradación para tomar tiempo aparte y replantearte qué es lo más importante, a dónde quieres ir, qué quieres lograr. Recuerda que la estabilidad es lo más importante. Esta temporada coincidirá con cambios de residencia, de casa o cambios en la familia que se manejan de manera privada.

TRABAJO

En cuestiones de dinero, trabajo, emprendimientos o crecimiento profesional, el 2017 es un año excitante para ti.

Empiezo con las generalidades…

El planeta de la abundancia, que es Júpiter, entró en Libra, que es tu zona de valor propio, dinero, salario, posesiones y propiedades en septiembre del 2016. Hace 12 años que Júpiter no visitaba esa zona, y se queda allí hasta octubre de este año. Este tránsito es indicador de abundancia para ti, y aunque tendrá sus tensiones, su retrogradación, el tema de "me estoy quedando sin dinero" ya no será algo del día a día. Eso sí, toda manifestación empieza con trabajo interno. No puedes apoyarte solo en la visita de Júpiter a Libra y esperar que las oportunidades lleguen. Tienes que tener una visión, tu autoestima en alto, saber cuánto vale tu trabajo y presentarte por lo que deseas.

Del tránsito de Júpiter por tu zona del dinero

Júpiter llegó a Libra el 9 de septiembre del 2016 y se queda hasta el 10 de octubre. De septiembre del 2016 a febrero 2017 está directo, y ese es el momento en el que te es más favorable trabajar en el amor propio, aprender a manejar tus finanzas, administrar tu tiempo, darte tu puesto en una relación o asociación, y muy importante, trabajar en crear relaciones de trabajo, y no simplemente transacciones. Luego de febrero a junio Júpiter retrograda, pero eso no quiere decir que ahí es cuando te quedas sin dinero. La retrogradación es justo para entender cómo funciona este tránsito, para sacarle provecho. En esos meses es que las relaciones creadas en su etapa directa empiezan a trabajarse, los proyectos "se cocinan", no das nada regalado, terminas los proyectos pendientes, te preparas, reconectas con personas del pasado para hacer negocios, renegocias tu salario.

Quiero que entiendas que cuando Júpiter retrograde es cuando tú le vas a dar valor a la oportunidad de tenerlo en esa zona, y es cuando más consciente te harás de las oportunidades a aprovechar. Luego en junio arranca directo y "se abre la llave" de la abundancia de nuevo. Lo trabajado en la fase retrógrada empieza a dar frutos y te beneficia también a nivel social.

Aunque está en la zona del valor, salario y dinero, Júpiter en Libra también es indicador de asociación, mejora en la que ya existe o la oficialización de una relación que cambia la manera como administras tu dinero, bienes y posesiones. Este es un año en el que ganas más con otro que trabajando solo, pero cuando no tenemos nuestra autoestima sana, es difícil elegir un buen compañero.

Patrones energéticos que crea Júpiter en Libra

Júpiter en Libra trabajará con asociaciones propias. Él, así como tú, estará negociando para darte lo mejor. Sus alineaciones importantes son:

- *Cuadraturas a Plutón en Capricornio*: Júpiter tendrá tres tensiones con Plutón, que es el planeta de la transformación, y que está en tu zona de la creatividad. Nos importa esta conexión entre tu zona del dinero y los proyectos creativos porque indica que puedes ganar por tus propias creaciones, ganar confianza en ti mismo, atreverte a mostrar un poco más. La tensión en sí demuestra que este año cambiará la manera como generas dinero, recursos y beneficios. En años pasados puede que aunque tú fueras autor de obras, por ejemplo, otro se llevaba todo el crédito, o trabajabas para otros. Este año tiene que ser justo, vas a ganar más. Estas tensiones también indican que se crean asociaciones que cambian cómo manejas, percibes dinero o tu idea de abundancia, quizá vía matrimonio y eso mejora tu patrimonio. Estas tensiones están activas el 24 de noviembre del 2016, 30 de marzo y 4 de agosto del 2017.

- *Sextiles a Saturno en Sagitario:* hay tres momentos importantes en los que Júpiter en tu zona del dinero, posesiones y propiedades conecta con Saturno, que es el planeta del compromiso y estabilidad en tu zona de hogar, bienes raíces, familia. Las fechas son: 17 de diciembre del 2016, 2 de febrero y 28 de agosto de este año. Estas alineaciones ayudan en la adquisición de propiedad, resolver un asunto legal que te permita estar en otro país de manera legal y trabajar, pero para muchas mujeres Virgo es la estabilidad luego de casarse y eso cambia la manera como se pagan las cuentas, se administra el dinero, etc.

- *Oposiciones a Urano en Aries*: se dan en tres momentos, el 26 de diciembre del 2016, el 2 de marzo y 28 de septiembre del 2017. Aquí, Júpiter en Libra, que es signo de relaciones, se enfrenta a Urano en el signo del emprendedor o lo individual. En estos momentos evaluarás si quieres estar asociado o independiente, si haces o no una importante inversión.

Ya con el extraordinario tránsito de Júpiter en tu zona del dinero cubierto, paso a mencionar que tener a Saturno (estabilidad) en tu zona del hogar, familia y raíces es buen indicador de que este año estarás bien. En el 2016 Saturno también estaba en esa zona, pero fue parte de un patrón de tensión que seguro te llevó a mudarte, a tener que resolver un asunto legal o a sentir que el dinero no alcanzaba, pero este año sus alineaciones son positivas.

Períodos para tener en cuenta

- En enero, los planetas estarán transitando por el signo Capricornio, que es tu zona creativa. Mercurio estará despertando de una retrogradación, y por eso es un mes excelente para desempolvar planes y proyectos personales que pueden ser muy lucrativos. Aprovecha la luna nueva del 27 de enero si quieres iniciar o impulsar proyecto.

- En febrero, los planetas estarán por el signo Acuario, que es tu zona de oficina, trabajo diario y rutinas. Tendremos mucha acción allí debido a los eclipses, así que ese mes habrá un cambio de oficina, empresa, o te impulsas a irte independiente con tu proyecto. Muchos Virgo se independizan de empresa y deciden asociarse con alguien que va con ellos por igual.

- Marzo verá a Venus retrógrada por Aries, donde también estarán Marte y tu planeta Mercurio. Este es un mes para ahorrar y evaluar muy bien en qué gastas o no, los precios de tus productos o tu hora de trabajo. Recuerda que este momento coincide con Júpiter retrógrado en tu zona de dinero, así que lo mejor es evaluar y esperar antes de hacer movidas importantes en cuestión de trabajo, dinero, emprendimiento o asociaciones.

- Abril es un mes de gastos, pago de lo pendiente. Otro mes en el que lo mejor que puedes hacer es ahorrar. Además, tu planeta Mercurio estará retrogradando hasta el 3 de mayo y afecta tu zona de cuentas conjuntas. Ya sabes, "cuentas claras conservan amistades", nada de colorear una situación a un cliente o socio, ve con la verdad.

- En mayo, Mercurio arranca directo y la energía se concentra en Tauro, que es tu zona de capacitación profesional, promoción, relaciones públicas y mercadeo. Es buen momento para promocionar proyectos, comprar mercancía, trabajar en otro país o con personas que están a distancia. La luna nueva del 25 de mayo es muy positiva para ti porque inicia un nuevo capítulo en cuestiones profesionales, y prueba ser la más beneficiosa para los emprendedores. Para ese momento, Marte (acción) estará también en tu zona de éxito trabajando con Júpiter retrógrado en Libra, y por eso te dije que viejas conexiones prueban ser de gran utilidad para lo que estás tratando de lograr en ese momento.

- En junio, Júpiter arranca directo en Libra y, tal como te mencioné, se abren oportunidades, empiezas a ver resultados del trabajo bien hecho. No más esperas ni trabas, sentirás que estás ganando justo por lo que mereces.

- Julio y agosto están empapados de la energía de los eclipses. El que será en Acuario el 7 de agosto es fuerte en cuestiones de rutinas, calidad de vida y trabajo diario. Puedes estar cambiando de empresa, mudando tu oficina, una mujer puede salir dejándote la plaza a ti, o si eres mujer un embarazo cambia los planes profesionales que tenías, porque se ve muy marcado un cambio radical de estilo de vida. En ese momento tu planeta Mercurio estará retrógrado una vez más y, por eso, al menos podrás tomarte el cambio con calma, pero es positivo gracias a las alineaciones que Júpiter en Libra tendrá al momento.

- Para septiembre veo que tienes tu nuevo plan al día con tu nuevo estilo de vida. Los planetas visitan tu signo y crean trinos de tierra con Plutón, que representa poder personal. Es un mes para iniciar otro tipo de proyectos diferentes a los que has trabajado a lo largo del año. Con Venus por tu signo eres encantador para clientes, en presentaciones y promoviendo tu trabajo, así que aprovecha la energía disponible.

- En octubre, el clima astrológico cambia porque Júpiter deja Libra y se va a Escorpio, que es tu zona de contratos y negociaciones. Estamos hablando de grandes contratos, grandes clientes, grandes negociaciones. Esto no lo vivías hacía 12 años, y quizá en ese momento no estabas trabajando o no estabas independiente. Ahora se inicia un año en el que puedes ganar en grande, también en sociedad o por pareja, y el modelo de negocios o gente con la que te desenvuelves se sienten como "grandes ligas". Un ascenso también está marcado, ya que no tendrás que lidiar con los detalles, sino más bien gerenciar.

- Nuevas oportunidades de trabajo y negocio están presentes todo el mes de octubre y noviembre, y es posible que tú y tu socio se junten con otra persona o decidan unirse a alguna compañía.

- Diciembre es un mes en el que mejor es no negociar porque tu planeta Mercurio estará retrógrado en Sagitario, que es el signo de los asuntos legales.

AMOR Y FAMILIA

El año pasado el amor fue el tema más importante debido a eclipses en tu signo y en Piscis, que es tu zona de socios y pareja. Sé que no todos encontraron al amor de su vida, ya que los eclipses se encargan de hacer una limpieza de lo que no es para nosotros, y lo más importante, nos centran en el amor propio porque necesitamos nuestra luz encendida para trabajar nuestro propósito en el mundo. Sin embargo, muchas personas Virgo "despertaron" a mitad de año queriéndose más y hacia el final del 2016 ya estaban en una nueva relación. ¿Te sucedió? Si no te sucedió, déjame decirte que aún falta un eclipse en Piscis, que está astrológicamente divino para los solteros. Claro que también beneficia a aquellos en una relación que quieren ir al siguiente nivel, pero ese eclipse del 26 de febrero será de Sol, que es lo mismo decir que es de luna nueva, y será además el último de este axis, así que será muy positivo para iniciar una relación en los seis meses que corren después del evento.

Pero antes de llegar al eclipse, quiero mencionarte algo: en septiembre del 2016 tuvimos dos eclipses importantes para ti. Uno fue el primero de septiembre en tu signo y el otro el 16 de septiembre en Piscis. El primero debió llevarte a que te reconozcas como alguien "nuevo", en el sentido de que toda la limpieza del 2016 te llevó a descubrirte. El segundo terminó con toda fantasía e idealización que algunos Virgo aún pudieran tener en una relación que no funcionaba, pero ese mismo eclipse fue lo que llevó a los que encontraron el amor una vez más a lanzarse, a entregarse. Aunque los eclipses fueron en septiembre, al inicio del 2017 el planeta Marte (acción) activa los grados matemáticos en los que ocurrió el evento y, por tanto, sentiremos que hay una repetición de esa energía. Habrá compromisos y finales, depende de cómo esté tu relación. Hay muchas personas que piensan que una baja autoestima muestra a una persona sola, pero en verdad más baja es la de aquel que guarda una mala compañía. Como ya sabes, uno de los tránsitos más importantes es el de Júpiter en Libra, que es tu zona de valoración propia, así que, sea en septiembre o al inicio del 2017, tendrás que ser muy honesta sobre el potencial de una relación, sobre querer o no estar en una y las razones por las cuales sí quisieras.

Enero y febrero del 2017 son meses importantes en el amor, porque por el paso de Marte y de Venus estarás en evaluación de tus relaciones. Luego, en marzo Venus (planeta del deseo) que ya había entrado en Aries, que es tu zona de entregas, empieza a retrogradar y se devuelve a Piscis. Esto me indica que Virgo aún tiene miedo. Sabes que quieres una relación o deseas que la que tienes florezca, pero cuando estás metiendo tus pies en el agua decides salirte y esperar otro momento.

Esto se manifiesta como:

- Posible saboteo en relaciones existentes.

- Malas citas para los solteros que inconscientemente están buscando personas con quienes se sientan seguros pero no les atraen.

- El enganche con alguien del pasado. Comparar a la persona nueva con tu "pretérito perfecto", que en verdad fue imperfecto, de lo contrario, estaría aquí.

- Que tus gustos cambien, y lo que te gustaba de esa persona ya no te atrae más.

- Que te hagas consciente de que si no trabajas el amor propio, no podrás manifestar la relación que deseas. Jamás reconoceremos afuera lo que no hemos encontrado adentro.

- Que tu pareja está teniendo dudas, que después de decir que quería todo, ahora actúa como si no quisiera ese nivel de compromiso.

Por eso, aunque los eclipses de febrero te benefician en el amor y sí propician inicios, tómate ese periodo para evaluar y contemplar, ya que esta retrogradación de Venus está complicada, porque Venus no retrograda seguido y además rige Libra, signo donde Júpiter está trabajando tu sensación interna de abundancia que, para más, es el signo de las relaciones en general.

Una vez que pasa Venus retrógrada y llegamos a abril, estarás concentrado en temas de ahorro, dinero, estabilidad y planes que se han estancado, por eso el amor quizá no es lo principal en tu lista. Si estás feliz en una relación estable, toma abril, mayo y junio para mejorar la comunicación, administrarte bien, tener paciencia en ahorrar para comprar la casa u organizar una boda. Aunque serán meses muy agitados, los Virgo solteros se encuentran atrayendo situaciones muy calientes. Otra manifestación es que si estás en una relación que te hace sentir ahogado, te liberes antes de julio.

Otro tema importante en junio y julio es que si te estás separando, llegar a un acuerdo sobre los niños o dinero compartido puede ser difícil, pero al final de agosto todo cae en su lugar.

¿Eso es todo en el amor en el 2017?

Tal como mencioné arriba, el 2016 ya te dio mucho a trabajar en este tema. En el 2017 el amor está *on fire* los cuatro primeros meses y luego al final cuando Júpiter entre en Escorpio, que es tu zona de comunicación y negociación, que al inicio del 2018 estará trabajando con Saturno en Capricornio, que es tu zona de romance. No creas que no va a pasar nada en tu vida amorosa, porque en julio hay varios eventos que cambian la dinámica de relaciones establecidas, así como en septiembre con Marte y Venus en tu signo ayudan a atraer personas nuevas.

Hogar y familia

Eventos en enero, julio y los eclipses en Leo y Acuario este año indican que muchas mujeres Virgo estarán saliendo embarazadas.

En enero sería una cuestión planificada, incluso si estás soltera y deseas adoptar. En julio la energía es de planificación familiar junto a otro y de tomarte el tiempo de disfrutar esta etapa, y tiene sentido porque el eclipse en Acuario del 7 y en Leo el 21 de agosto marcan el nacimiento de algo nuevo para ti y un cambio drástico de estilo de vida.

En cuestión de mudanzas o comprar casa, el mejor periodo va de enero a abril y luego de septiembre al final de noviembre. No querrás hacer inversiones o grandes movidas con Saturno retrógrado, y si tomamos en cuenta la retrogradación de Júpiter, en verdad el momento más óptimo es febrero y septiembre.

Gracias a lecciones del año pasado ya estás claro en no mudarte sin resolver asuntos legales primero, o no mudarte con pareja si la relación no es para siempre. Por eso sé que si te mudas tendrás reparo en cuidar los detalles.

Para los Virgo más jóvenes o los que aún viven con sus papás, el 2017 da varias oportunidades de "liberación", de tener más espacio y esto se ve como algo necesario. A mitad de mayo y a mitad de noviembre tienes la oportunidad de independizarte.

SALUD

En el 2016 tuvimos un eclipse en tu zona de la salud. Fue el 18 de agosto y lo traigo como referencia para que evalúes qué cambios ocurrieron en tu vida en ese momento en relación con hábitos, cómo comes, si te ejercitas o no, o un diagnóstico de salud. Este año tendremos otro eclipse en esa zona el 7 de agosto, que se complementa con otro en Leo el 21 de ese mismo mes, y como los eclipses se dan en pares y cuentan una historia, este par cuenta la de un embarazo o el descubrimiento de una condición que debe ser tomada en cuenta para sanar. Estos eclipses también indican trabajo interno, una vida espiritual más rica, meditación, tiempo aparte y sanar patrones de evasión o de mente limitada que te causan estrés. Haz lo posible por socializar más y no solo por trabajo, por entablar relaciones que no se alimentan de necesidad. Me refiero a que Virgo siempre es la persona indispensable porque se encarga de todo, y por eso las relaciones que cultiva tienen un interés de otros hacia ti y tú las fomentas porque sentirte necesitado te hace sentirte amado, y no olvidemos que el tránsito de Júpiter por Libra es para amarte más. Puede que no entiendas cómo eso tiene que ver directamente con tu salud, pero tiene todo que ver.

Eventos importantes

- Usa la luna nueva en Acuario del 27 de enero para cambiar de hábitos.

- Usa la visita de Marte a tu signo del 5 de septiembre al 22 de octubre para ponerte en movimiento o encontrar maneras proactivas de darle salida a tu energía. Si no estás en la dulce espera, este mes está genial para ponerte en forma, incluso mejor que antes.

LOS ECLIPSES

1. Eclipse de luna llena en Leo el 10 de febrero

Un eclipse de luna llena es un eclipse de finales y se da en tu zona de finales. Este eclipse indica que estás llegando al final de un estilo de vida, o una relación con mujer muy querida para ti debe pasar por un proceso de transición o purificación. En este momento querrás estar cerca de tu familia.

2. Eclipse de Sol en Piscis el 26 de febrero

Es el último del axis, es de inicios y se da con un *stellium* en esa zona de socios y parejas. Como los eclipses siempre vienen en pares, estos dos eclipses indican el cambio de estilo de vida porque inicias una relación, así que quizá debas terminar otra y si no es de amor, incluye a socios, clientes VIP, mánagers o colaboradores. Para quienes venían mal en una relación, esta serie de eclipses le liberan y le abre la puerta a conocer gente nueva.

3. **Eclipse de luna llena en Acuario el 7 de agosto**

Es el del cambio de estilo de vida. Bueno para dejar malos hábitos, purificar tu cuerpo. Evita cirugías en este momento. También puede tratarse de un cambio de trabajo o cambio notable en tu cuerpo, como un embarazo.

4. **Eclipse de Sol en Leo el 21 de agosto**

Como sabes, los eclipses vienen en pares, por eso al ver un eclipse en la zona del cuerpo/rutinas y uno en la zona de finales lo que se gesta es para una nueva etapa; veo un embarazo, pero a lo mejor renunciaste a tu trabajo porque vas a dar a luz un proyecto creativo. Lo que te dará la clave más certera es recordar cómo fue el eclipse del 18 de agosto del 2016 para ti. Este eclipse en Leo es positivo y trae nuevas cosas a la realidad pero estas nacen de ti, y como Júpiter en Libra estará muy ocupado trabajando para ti en ese momento sé que te sentirás internamente abundante.

FASES RETRÓGRADAS DE MERCURIO

1. **Entre Capricornio y Sagitario, del 19 de diciembre del 2016 al 8 de enero del 2017**

Con esta retrogradación empezamos el año, como Mercurio empezó a retrogradar en Capricornio, que es tu zona de creatividad y romance de vuelta a Sagitario, que es tu zona de estabilidad, no te apresures en una relación o en invertir en un proyecto creativo, no es el mejor momento. Como coincide con el tiempo de vacaciones, lo mejor es tomar una pausa en estos temas. *Ex lover* puede estar volviendo con una propuesta seria.

2. **Entre Tauro y Aries, del 9 de abril al 3 de mayo**

   Esta retrogradación coincide con el momento de planificación para lanzar un proyecto o ahorrar para poder comprar mercancía. No es buen periodo para firmar contratos, pero sí para evaluar tus opciones. Si tienes planes de mudarte a otro país, esta retrogradación te ayuda a sopesar los pros y contras.

   También recuerda que esta retrogradación se da muy cerca de la de Venus, así que es un momento de pruebas en cuanto a lo que quieres de manera general en tu vida. Algunos Virgo estarán considerando cambiar de carrera o de trabajo.

3. **Entre Virgo y Leo, del 12 de agosto al 5 de septiembre**

   Esta retrogradación coincide con la temporada de eclipses que cambian tu estilo de vida. Mercurio retrógrado "sirve" aquí como un suavizante ante el cambio radical, o te da tiempo de más para procesar el asunto o mantenerlo privado hasta que estés listo para compartirlo con los demás. Este no es buen momento para cirugías ni cambios radicales de *look*. Tampoco para firmar documentos que envuelvan tu nombre, marca o imagen.

4. **En Sagitario, del 3 al 22 de diciembre**

   Esta retrogradación nos afecta a todos con las vacaciones de Navidad, pero a ti te afecta en cuestiones de familia, dónde pasar las fiestas, familiares que no llegan a un acuerdo de dónde reunirse o en reparaciones que tengas que hacer para recibir personas en tu casa. Si de verdad deseas irte de vacaciones de fin de año, planifícalas antes del 14 de noviembre.

LO QUE DEBES SABER
PARA APROVECHAR AL
MÁXIMO ESTE AÑO

El dicho que reza "trabaja en silencio y deja que el éxito sea tu ruido" cae ideal para resumir tu año. En el 2016 tuviste que resolver mucho a nivel material, y no me refiero a dinero, sino en el mundo físico, real. Eso hizo que te dieras cuenta de que eres un creador, que puedes ser líder, que puedes cambiar, mejorar y renacer. Lo lograste. El 2017 se trata de ese mismo trabajo pero en tu vida privada, en tu mundo interno y sin tanta presión. Este año se trata de aceptación y de darte tu puesto, de tener certeza de merecimiento y manifestar estabilidad. No importa la edad que tengas, hay mucho amor este año para ti. No solo por cuestiones de pareja, sino por parte de tu familia y también hay energía de niños o comienzos en un círculo familiar. Estas vivencias te sanarán a un nivel que ningún entrenamiento, cambios en tu estilo de vida o medicina pudieron lograr. Para muchos Virgo, la paz viene también al descubrir su propósito de vida y al perder la pena, lanzarse por un sueño que mostrará ser distinto a lo que pensaban que tenían que hacer porque eran buenos en eso. Al final, es un año de recompensas, y el 2018 lo es aún más.

REGENTE
Venus

MODALIDAD
Cardinal

Elemento
Aire

Gema
Rubí

BRA

OVER

VIEW

¿Sabías que una vez cada 12 años te visita Júpiter, el planeta de la expansión y abundancia? Júpiter entró en tu signo el 9 de septiembre del 2016 para quedarse hasta el 10 de octubre del 2017, y este es considerado tu año de abundancia en un ciclo de 12. Y sí... aunque necesitas unos tips y unas claves para sacarle todo el provecho a Júpiter por tu signo, en líneas generales, verás que este año abres tus alas, querrás explorar, aumentar tu conocimiento, explorar otros continentes y mejorar tu estilo de vida. Lo que sí te digo de una vez es que Júpiter expande todo lo que toca, y si te gusta comer bien, mejor vas buscando un buen plan de ejercicios que contrarreste los gustos que te darás con Júpiter de visita, porque oportunidades no faltarán.

LO QUE HACE TU PLANETA
REGENTE ESTE AÑO

Te rige el planeta Venus, que es el del deseo, atracción y valor. Quiero que entiendas "cómo funciona". Venus rige lo que valoramos, y usualmente eso es lo que deseamos. Si anhelas un mejor estilo de vida, le darás valor a todo aquello que puede acercarte a esa manifestación. Eso es Venus. Pero así mismo, tú tienes que trabajar en ti para crear ese estilo de vida y alinearte con personas o situaciones que pueden colaborar en esa creación, ¿cierto? Eso es Venus, y como regente se encarga de ayudarte a elevar tu vibración y así estar en sintonía con lo que deseas.

Este año Venus tiene una agenda ocupada, ya que retrogradará, cosa que pasa todos los años, y que es más rara aún teniendo en cuenta que tiene una visita en su casa (Júpiter en tu signo) y cuando Venus va a retrogradar en el signo opuesto al tuyo, en oposición al huésped en su casa. La retrogradación de Venus en Aries será un reto para Júpiter en Libra, que quiere crear balance en nuestras vidas, mejorar las relaciones. Usualmente, Venus también es una porrista en esto, pero como retrogradará en el signo de la individualidad, tendremos un año muy interesante en cuestión de parejas, personas que jamás pensamos que se unirían, o que nunca vimos separarse y lo hacen. Como está interesante, mejor entramos en detalles, pero también quiero hablar de otros periodos interesantes que puedes aprovechar.

Al iniciar el año, Venus estará pasando de Acuario a Piscis, así que empiezas el 2017 con la energía en su punto como para trabajar en tus resoluciones. Cuida tu salud, ya que en Piscis, que es tu zona del cuerpo, habrá un eclipse al final de febrero, pero Venus pasando por esa zona del 3 de enero al 3 de febrero da una mano, porque estarás en el *mood* de cuidarte, de sanar, de amarte más. Es muy importante que también tomes en cuenta a Júpiter en tu signo, que si bien es una bendición, puede llevarte a excesos. Si eres mujer Libra y quieres salir embarazada, enero y febrero son los meses para intentarlo.

Luego Venus entra en Aries, que es tu zona de socios y parejas el 3 de febrero. Allí estaría empezando un ciclo de tres semanas como para que conozcas gente nueva con intereses románticos, o para darle nueva vida a tu relación de pareja, pero el 4 de marzo Venus empieza a retrogradar allí en Aries, para devolverse a Piscis el 2 de abril. Eso indica que Venus (deseo) está reconsiderando qué quieres entre tu zona de socios/pareja y la zona de rutinas. Una manera de entender esto es imaginando una situación: creíste estar listo para iniciar una relación, pero empiezas a dudar y te dices que es mejor estar solo y enfocarte en ti mismo. O estabas listo para asociarte con un buen plan de negocios, pero un asunto de salud llama tu atención y al ser lo más importante, debes aplazar el plan de la sociedad.

Cuando Venus retrograda lo que deseábamos cambia, las relaciones se ponen frías, las mujeres no se sienten bien con cómo lucen. Del 4 de marzo al 15 de abril, que Venus está retrógrada, no es buen momento para hacerte cirugías, pero sí para despertar el deseo por cuidarte muy bien, cuidar tu salud, en especial porque allí mismo sucedió un eclipse. Una vieja condición de salud puede volver y te darás cuenta de que no te diste la atención debida, o una relación puede terminar y te verás reorganizando tu rutina y trabajando en ti, porque te entregaste sin tenerte o sin poner sanos límites que dieran estructura a la relación. Sé que en este momento quieres tirar el libro y decir "pero dijiste que sería un año bueno", y de una vez te comento que sí, la visita de Júpiter quiere lo mejor para ti, pero muchas veces tú escogiste algo que pensaste que era bueno para ti y al final no lo fue, solo que te tomó tiempo entender. En este periodo de Venus retrógrada al otro lado de tu rueda zodiacal, ella está iluminando tus relaciones para que veas cómo estas son un espejo de la relación que tienes contigo, y si algo o alguien te hace mal, va a salir.

Otra manifestación para las mujeres Libra es que de hecho salgan embarazadas sin planificar, y si coincide con este momento, pueden sentirse muy raras con su cuerpo y que les tome un tiempo acoplarse. Esto lo menciono no solo por la retrogradación de tu planeta, sino también porque vendrá un eclipse justo en tu zona de creatividad, creación y procreación en agosto.

Pero continúo con Venus...

Venus termina su fase retrógrada el 15 de abril, cuando despierta en Piscis, pasando una vez más por grados matemáticos que recorrió al final de enero. No sería raro que eventos de ese momento se conecten con los de la mitad de abril y que puedas retomar un proyecto o una relación si ya de la mitad de abril y que puedas retomar un proyecto o una relación si ya disipaste tus dudas. De hecho, de Venus retrógrada saldrás más seguro de lo que quieres, así que sería un buen momento para tomar una decisión, pero ¡pum! Mercurio está retrógrado allí mismo, así que seguimos tratando de acoplar nuestros planes con los de otros y tú con los de tu socio o pareja específicamente.

En junio Venus estará por el signo Tauro, que es su otro favorito. Ese tránsito que dura hasta el 4 de julio te cae como anillo al dedo porque esta será una de las temporadas más volátiles del año. Tú estarás haciendo planes de trabajo, mejorar tu perfil profesional o impulsar un proyecto, mientras asuntos del hogar o familia llaman tu atención. Venus en Tauro y sus alineaciones te darán estabilidad y apoyo (sobre todo económico) para atender lo que debes. Y además... también es un tránsito de fertilidad. ¡Solteros, no se preocupen! También es un tránsito de calentura aun cuando hay otros temas llamando tu atención. Desde ya debes saber que junio y julio son meses en los que te sentirás halado en varias direcciones y todas son importantes.

Luego Venus llega a Géminis el 4 de julio para quedarse hasta el 31 de ese mes. Después del 18, el ambiente empieza a aligerarse y podrás escaparte con un viaje, o promover un proyecto personal. Una vieja amiga puede reaparecer para ver si quieres asociarte con ella y vale la pena considerarlo. También es posible que tu mejor amiga o hermana esté celebrando algo importante y tomes un momento aparte para acompañarla.

Del 31 de julio al 26 de agosto Venus estará en Cáncer, que es tu medio cielo, tu zona profesional y de éxito. Las mujeres Libra que estaban con planes de hacer oficial su relación tienen un buen momento, pero procuren que sea antes del 12 de agosto, que Mercurio empieza a retrogradar una vez más. Lo mismo si estás por firmar un contrato importante o asumir un nuevo puesto en oficina, porque de hacerlo tendrás que enfrentar cambios en los términos y beneficios. Este también es el momento en el que las mujeres Libra estarían convirtiéndose en mamá, sobre todo las que están de sus 28 a 32 años de edad. Si en este momento empiezas a considerar cambiar de trabajo, va en sintonía con la retrogradación de Mercurio, mientras Venus visita tu zona profesional. Al final de agosto hay buenas oportunidades para encontrar algo nuevo, gracias a alguien que conoces de antes.

Del 26 de agosto al 19 de septiembre, Venus estará en Leo, llenando de energía tu zona social y en buen tiempo porque recién han pasado los eclipses. Nuevo ambiente, nuevos amigos, quizá un nuevo lugar de trabajo y mucha variedad llenan este periodo. Júpiter en tu signo estará teniendo buenas alineaciones, que para los solteros representa el inicio de una relación no convencional.

Luego Venus llega a Virgo el 19 de septiembre para quedarse hasta el 14 de octubre. Venus a tus espaldas es para tomarte las cosas con calma. Como Júpiter estará terminando su visita a tu signo en ese momento, querrás usar este periodo para empezar a gestar algo importante para ti, como un libro, un proyecto creativo, etc. Este periodo también es para estar en casa, hacer remodelaciones o para hacerte una operación estética.

El 14 de octubre Venus llega a tu signo para quedarse hasta el 7 de noviembre. Puede que Júpiter se haya ido, pero no lo lloramos porque entra en tu zona de dinero, mientras que Venus en tu signo eleva tu carisma y te hace encantador para lograr lo que quieres. Es un buen periodo para iniciar relaciones y asociaciones, también para mostrarnos algo nuevo... ¿Qué será?

Eso sí, personas Libra que están en una relación y no se sienten apreciadas en este momento, con Venus en tu signo, Júpiter en Escorpio y Urano en tensión puede significar un *bye, bye!* Merezco más y mejor.

Personas Libra casadas están pensando en la adquisición de algo de valor, como una propiedad.

Del 7 de noviembre al primero de diciembre Venus estará en Escorpio y coincidirá con Júpiter, que visita tu zona del dinero por primera vez en 12 años. Estas semanas son de planificación, abundancia o una compra importante. También es un periodo espléndido para casarte.

Ya para finalizar, Venus llega a Sagitario el primero de diciembre, pero como Mercurio empieza a retrogradar el 3, los planes de viaje, compras, regalos, etc., pueden salir de cualquier manera, menos como fue planeado, así que organízate con anticipación. Olvídate de firmar contratos este mes o de quedar comprometido con alguien para ayudar o agasajar en tu casa. Difícilmente, las cosas saldrán como quieres. Tampoco envíes regalos por correo, ya que Mercurio retrograda justo en la zona de la comunicación.

TRABAJO

Tu zona profesional, del éxito, está regida por el signo Cáncer, así que los eclipses que se dan cada año definen mucho hacia dónde va tu atención y cómo quieres usar tu energía para manifestarte en estos temas.

Los eclipses de este año (en los que entraré en detalle más adelante) apuestan por un salto de lo local a lo global, a darte a conocer mucho más y eso también va en sintonía con la visita de Júpiter a tu signo.

Los eclipses también indican que será gracias a hacer lo que mejor sabes hacer (que es conectar, ser social y un eterno relacionista público), que alcances el éxito, una mejor reputación y admiración por tus creaciones. Los mejores eclipses para ti serán los de agosto, que muestran un salto a la fama, gracias a un proyecto creativo personal, tu nombre, marca o imagen.

Esto concuerda perfectamente con otras alineaciones que se dan antes de ese mes, y también favorecen a los Libra que están trabajando en compañías tradicionales.

Para empezar, en febrero tomarás la decisión de optar o por un puesto donde haya más movimiento, o tomarás la decisión de cambiar de lugar de trabajo si tu salud se ha visto afectada, o si el año pasado empezaste a trabajar en tu tiempo libre en otra área que es más artística, que te va muy bien y siempre te había llamado la atención. Si estás feliz en la empresa en la que trabajas, de todas maneras puedes usar la energía del mes para mejorar tus condiciones, obtener beneficios o más horas para ti.

En marzo tendremos la retrogradación de tu planeta Venus, y también una de las tensiones entre Júpiter en tu signo y Plutón en Capricornio, que es tu zona del hogar y estabilidad. Si bien Venus retrógrada tiene más que ver con relaciones de amor, sí afecta a las personas Libra en pareja o sociedad en cuanto a lo que se necesita al momento. Surge la necesidad de vivir mejor, mudarse con el otro, o termina una relación y hay otras necesidades que te hacen pensar en producir más para sentir estabilidad.

Si tienes negocio propio, el final de marzo e inicio de abril es de mucho trabajo, pero no gracias a muchos clientes, sino debido a que quieres producir más, a que tienes que pagar algo importante o necesitas más recursos para crear más productos o más mercancía.

En abril y mayo Mercurio empieza a retrogradar afectando tu zona de finanzas compartidas, así que un préstamo o crédito no es lo más recomendable. Ese mes mantente pendiente y al día con lo que maneja tu socio u otra persona encargada de las finanzas, y te lo digo porque aunque es sentido común, no es práctica común y además tu atención estará en otras cosas en ese momento.

Si estás trabajando en una compañía pero desde hace tiempo tienes ganas de independizarte, aquí empieza a crecer ese deseo de ser emprendedor, a tiempo para junio y julio, que tendremos una cuadratura cardinal, tensión entre planetas en tu signo, otros en Cáncer, en Aries y en Capricornio. Tus cuatro casas angulares están calientes haciendo que la persona Libra se reinvente y se atreva a hacer algo que no había hecho antes. Esto coincidirá para muchos con una gran oportunidad, ya que Júpiter estará arrancando directo en tu signo, tendrás tu única luna nueva al año en tu zona del éxito (el 23 de junio) y además tendrás a Marte (acción) y Venus (deseo) en esa zona halándote hacia metas más altas.

No hay duda de que será un periodo agitado, con mucha actividad y con algo que quieres promover, lanzar, abrir, pero por esto has trabajado mucho tiempo. Incluso quien no quiere dejar su trabajo "oficial" se verá con la oportunidad de destacarse donde está como para poder exigir mejores condiciones, que es algo que desde el 2016 tienes presente, porque te pediste a ti mismo tiempo para tu salud y para el amor.

Luego de ese periodo agitado ya estamos en los eclipses de agosto que mencioné arriba, que gracias a las alineaciones que los conforman te benefician en asociaciones, nuevos proyectos creativos o llevar lo que ya has creado a otros lugares. Personas Libra que trabajen en línea se verán favorecidas en esa época. La manera de atender clientes, de conectar o llevar sus productos o contenido a más lugares se presentará, pero sería prudente esperar la entrada de Júpiter a Escorpio para crear un plan, ya que antes de eso están deslumbrados con la sensación de posibilidad, queriendo abarcarlo todo y se necesita estructura.

Si trabajas con productos que no son virtuales, que aunque se vendan en línea requieren envío, la segunda mitad del 2017 te abre a la posibilidad de franquicias o asociación con otras personas para que se posicionen en otras ciudades.

Y así llegamos a octubre, cuando Júpiter entra a Escorpio e inicie un año en tu zona de dinero, valor, posesiones y propiedades. Será a partir de ese momento que todo lo que trabajaste de septiembre del 2016 hasta octubre del 2017 empiece a dar resultados materiales y a abrirte buenas puertas en cuanto a negocios y asociaciones. Noviembre y diciembre son meses donde una nueva manera de trabajar en sociedad se plantea, y viejos socios o colaboradores dejen espacio para otras asociaciones. No temas si un socio o colaborador de siempre debe dejar el negocio, vas a poder con ello.

Si trabajas en una empresa, el ingreso de Júpiter a Escorpio y Saturno a Capricornio al final del año mueven hasta al Libra menos interesado en emprender, para que al menos se asocie en un negocio aparte que tiene muy buen perfil. Este también es el inicio o revaloración de negocios familiares, pero con un nuevo enfoque.

AMOR Y FAMILIA

Desde el 2011 que Urano (planeta de las sorpresas y la liberación) entró en Aries, que es tu zona de socios y parejas, muchos Libra han tenido dificultades en entablar una buena relación con alguien que está pensando a largo plazo. En el 2016, gracias a otros factores, Urano "se portó mejor" y muchos Libra encontraron a esa persona que sí, los libera del deber ser, los revoluciona y también quiere una relación estable. Los que aún estén preguntándose para cuándo, les comento que la entrada de Júpiter a su signo conectando con Urano y con Saturno crea un patrón de libertad y estabilidad.

Con esto quiero decir que es un buen año para iniciar relaciones estables, siempre y cuando ya hayas trabajado dentro de ti la búsqueda del adonis ideal. Otra tarea para vibrar en sintonía con esta energía es abrirte a conocer gente nueva en ánimos de socializar, ya que los eclipses del año te sacan del ambiente de siempre y te codean con personas que aman algo que tú también amas. Aun si trabajas en una empresa, será en reuniones, conferencias o ferias de algo que amas —como un *hobbie*—, que puedes conocer a alguien muy especial. Debido a Júpiter en tu signo estás y te encontrarás muy atraído a los extranjeros, a personas con otras religiones, y puedes sorprenderte al darte cuenta de que no era para nada como habías envisionado a tu pareja, pero que te hace sentir exactamente como deseabas.

Ahora... Todo esto se lee de ensueño. Vamos a trabajar los tránsitos y periodos más importantes para ti en este tema del amor y relaciones, que son los favoritos de las personas Libra.

Desde que empieza el año, hay chances de amor para Libra. Los que están en una relación seria estarán asumiendo más compromiso o responsabilidades con la luna llena en Cáncer del 12 de enero, mientras los solteros estarán aprovechando las oportunidades de conocer gente genial a partir del 19, con la llegada del Sol a Acuario. Sal, conoce gente nueva, asiste a lugares donde se practican actividades que amas.

El 28 de enero el planeta Marte (acción) entra en Aries, que es tu zona de socios y pareja, cosa que sucede una vez cada dos años, así que tienes que aprovechar. Este tránsito que dura hasta el 9 de marzo coincide con la visita de tu planeta Venus (deseo y atracción) también a esa zona de socios y pareja, por lo que muchos Libra estarán iniciando relaciones, pero debes saber que del 4 de marzo al 15 de abril tu planeta Venus estará retrogradando justo sobre esa zona, de hecho regresa a la zona de rutinas y calidad de vida.

Si la relación es reciente, seguro pasará por revisiones o hasta la aparición estelar de uno de los ex, y en verdad todo dependerá de qué tanto ustedes quieren esta nueva relación.

Si estás feliz en tu relación, no te asustes. Este mes es para "sincronizar relojes" en cuanto a lo que quieren y cuándo lo quieren. Puede que tú estés viajando bastante, con mucho trabajo y no le hayas prestado atención a la relación. Puede que él quiera tener hijos y tú aún no, o al revés. También puede tratarse de que la relación necesite un poco más de acción y bueno, para eso las alineaciones de mayo ayudan, pero mientras estemos pasando por Venus retrógrada, tienes que lograr entender mejor qué quieres tú para más adelante comunicarlo al otro.

Si te encuentras soltero al momento de Venus retrógrada, usa este periodo para cuidar de ti, mejorar la relación contigo mismo, superar a un ex, cuestionarte qué tipo de relación quieres, qué te gusta ahora. Sé que quizá relaciones la palabra retrógrado con "vuelve el ex", pero eso tiene que ver mucho más con Mercurio retrógrado que con Venus retrógrada. Sin embargo, si un ex decide volver en este periodo, la interacción entre ustedes podrá ser completamente nueva, pues es posible que en el tiempo que estuvieron separados hayan trabajado individualmente para no caer en los mismos patrones. De eso tendrás seguridad a mitad de mayo.

Ya que te lo he mencionado muchas veces, hablemos del mes de mayo, que está bastante interesante. El 11 tendremos un trino de fuego entre Saturno en Sagitario, que es tu zona de acuerdos y Urano en Aries, el "loquito", en tu zona de socios y parejas. Este mes puedes conocer a alguien fuera de serie, pero con quien puedes tener una relación estable. Superas al ex abriéndote a conocer gente nueva, o en tu relación de pareja se permiten nuevas "libertades". En este mes veremos que ustedes se juntan con las personas que menos imaginan, pero que están entendiéndose muy bien.

Luego viene junio y julio, que son meses de trabajo y agite para todos. Tu vida profesional te llama, pero si tu foco principal es ahora el amor, puede que empieces a planificar tu boda o una mudanza juntos. Si puedes con esto y todo lo demás que está llamando tu atención, ¡pues adelante!

Agosto es un mes de eclipses y mucha acción en tu zona de romances, así como en lo social. Si a Mercurio no se le antojara retrogradar, sería el momento perfecto para casarte, pero en verdad es mejor después del 5 de septiembre, que Mercurio ya está portándose bien y cuando aún contamos con el sextil entre Júpiter en tu signo y Saturno (que representa estabilidad) en Sagitario. Ya septiembre prueba ser un mes tranquilo y estable, al menos al inicio, bueno para celebrar una unión. Pero al final, una oposición entre Júpiter en tu signo y Urano en Aries el 28 de este mes pone a prueba uno de tus asuntitos a trabajar en relaciones: querer que todo sea perfecto. Deja que las cosas fluyan, ábrete a planes espontáneos, disfruta de la compañía del otro, de la relación. Claro está que si una relación venía pendiendo de un hilo con todas las subidas y bajadas del año, septiembre mostrará que lo mejor es terminar la relación y por las buenas, tema que también se hará sentir entre socios, y lo toqué en la sección de trabajo. Si estás soltero, el final de septiembre es otro de esos momentos del año en los que les veremos a ustedes los Libra juntándose con personas que nos asombran, pero que a ustedes les encantan.

SALUD

La salud es un tema muy importante para Libra, porque aunque no hay grandes eventos en esa área este año, en los últimos dos años sí los tuvimos y eso puede encontrarte ahora con una condición, teniendo que prestar atención, y más importante: cuidándote mejor para que no vuelvas a llegar a un estado de alarma. Cuando el año empieza, tenemos un eclipse en esa zona. Será el eclipse de Sol en Piscis el 26 de febrero, que es muy positivo. Eso, sumado a que Júpiter estará retrógrado en tu signo, ayuda a la sanación de lesiones y mejoría de condiciones, y sería el mejor momento para iniciar un cambio de hábitos.

Aparte de lo que uno se propone para estar bien de salud, hay situaciones indirectas que uno también debe tomar en cuenta para estar bien, por ejemplo, tu trabajo. Este es un año agitado a nivel laboral para ti. Júpiter trae tantas oportunidades y además tus ganas de no perderte de nada. Viajes, juntas, tiempo estudiando, capacitándote para más o atender personas en diferentes husos horarios puede traerte muy cansado, así que te recuerdo poner límites de cuidado propio, sobre todo en junio y julio.

Algo que está a tu favor es que una de las manifestaciones de Júpiter en tu signo es que te sentirás "invitado" a mejorarte personalmente, con prácticas que van de adentro hacia afuera, por eso seguro en su retrogradación de febrero a junio encontrarás maneras de meditar activa o pasivamente. Por tu rueda zodiacal, te recomiendo tomar clases de yoga, pilates o ejercicios con peso corporal en vez de con pesas que son peso extra.

Otra cosa: aunque no se refiera directamente a salud, algo que vas a aprender este año, cuando Venus esté retrógrada entre Aries y Piscis, es a poder dar de ti a quien lo merece, a colaborar cuando valga la pena, a estar para otros, pero principalmente a estar contigo. Libra puede ser el mejor amigo, el que recibe a la gente en su casa, el que siempre está disponible, el que siempre queda bien con los demás por su amabilidad... y nada de esto cambia, pero la intención desde donde te das a otros y la manera sí, por eso podrás conservar más energía para ti, tus tareas y grandes planes para este año.

LOS ECLIPSES

1. **Eclipse de luna llena en Leo el 10 de febrero**

   Este es un eclipse de finales, y cae en tu zona social. Puede ser que una relación con amiga cambie o que llegue el final de un proyecto. También puede que una relación en la que tenías ganas de que fuera más allá, se quede en la *friend zone* y ya. A nivel profesional, este eclipse empieza a mostrarte que puedes impulsar un proyecto personal, y animarte a irte independiente en vez de seguir trabajando para una compañía.

2. **Eclipse de Sol en Piscis el 26 de febrero**

   Este eclipse es de inicios y se da en tu zona de la salud, así que es buena energía para iniciar tratamientos, cambiar de hábitos o rehabilitarte. Como esta es también tu zona de rutinas y trabajo de oficina, quizá con la energía de ambos eclipses estés considerando cambiar de empresa o dar más tiempo a un proyecto personal artístico.

3. **Eclipse de luna llena en Acuario el 7 de agosto**

   Este eclipse es de finales y sucede en tu zona de proyectos creativos, embarazos o romances. Si eres mujer puede que estés saliendo embarazada o a punto de dar a luz. Para ambos, mujeres y hombres Libra, puede significar el final de la preparación de un proyecto personal para mostrarlo al mundo, pero que no salga como lo habían planificado.

Relaciones informales que no tienen futuro pueden romperse en este momento.

4. **Eclipse de Sol en Leo el 21 de agosto**

Este es un eclipse súper positivo aunque cuenta con Mercurio retrógrado. Viejos amigos te presentan a nuevos amigos. Sales de tu burbuja social para abrirte a nuevos clubes, o quizá quieras ser parte de fundaciones. Este crecimiento que te lleva a codearte con personas importantes, va de la mano con tu trabajo y las conexiones que se logran ahora serán vitales para cuando Júpiter esté en Escorpio al final del 2017 y en el 2018, que será un año de crecimiento económico.

FASES RETRÓGRADAS DE MERCURIO

1. **Entre Capricornio y Sagitario, del 19 de diciembre del 2016 al 8 de enero del 2017**

El 2017 ya empieza con un Mercurio retrógrado, que afecta tu zona de planes y estabilidad. No es mayor cosa, pero planes como "¿dónde pasaremos Navidades o Año Nuevo?, ¿tu familia o la mía?", pueden haber creado malentendidos, y hasta en enero se siente el desacuerdo. Planes de viaje también pueden haber salido mal, pero lo único que quedó fue respirar. Ahora, ya con la mente puesta en un nuevo ciclo, no te adelantes a negociar asunto de bienes raíces o te comprometas con alojar a alguien en tu casa hasta que pasen las dos primeras semanas del mes. Surgirán imprevistos.

2. **Entre Tauro y Aries, del 9 de abril al 3 de mayo**

Esta retrogradación coincide con el final de la retrogradación de tu planeta Venus. Habrá mucha acción entre Piscis, Aries y Tauro, que son tus zonas de rutinas, pareja e inversión.

Una relación personal o comercial se estará revisando. En cuestiones de pareja, lo que hace falta es un ajuste de relojes. En relaciones de negocios, esta será la primera vez que un socio o colaborador te hace la seña de que quizá más adelante tendrá que dejar el negocio. Te está preparando, pero para noviembre será una realidad. Si no tienes socios, mucha paciencia cuando trabajes con otros en tu empresa. Los colegas no estarán de lo más colaboradores, puede haber malentendidos con lo que ha pedido el cliente. Lo bueno de esta retrogradación es que si en una relación de novios uno tomó distancia con Venus retrógrada, esta retrogradación de Mercurio les lleva a conversar y evaluar de nuevo.

3. **Entre Virgo y Leo, del 12 de agosto al 5 de septiembre**

Esta retrogradación coincide con la segunda temporada de eclipses del año que para ti tiene que ver con cambio de ambiente, amigos, oportunidades de trabajo que no te quieres perder y la posible celebración de un lanzamiento o tu boda. En cuestión de nuevos amigos, estos vienen por viejos amigos. También verás como viejos clientes corren la voz de lo que estás haciendo. Con relación a un evento o boda, trata de evitar a Mercurio retrógrado, aunque el eclipse del 21 de agosto está tan lindo como para un evento así. Hay otras fechas que te favorecen. Si un ex vuelve para este momento, dale una oportunidad.

4. **En Sagitario, del 3 al 22 de diciembre**

Tal como la retrogradación de diciembre del 2016, esta cae al mismo tiempo que estamos planificando viajes y regalos. A ti te afecta en cuestión de viajes así como en terminar todo lo que debes antes de desconectarte por las fiestas. También es posible que necesites resolver un asunto legal para poder viajar y el documento no está a tiempo, así que la solución a esto es estar muy pendiente de estas cosas antes del 14 de noviembre, que es cuando Mercurio empieza la sombra prerretrógrada.

LO QUE DEBES SABER
PARA APROVECHAR AL
MÁXIMO ESTE AÑO

Júpiter, que es el planeta de la expansión, abundancia y oportunidades te visita una vez cada 12 años. Este tránsito es uno de los más positivos si se le da un poco de estructura a esta energía de crecimiento, porque no queremos que crezcan las deudas o nuestra barriga, y como Júpiter mal integrado incita a excesos, creo que debes saberlo, para conscientemente aprovechar las ganas que nacen dentro de ti de explorar nuevos países, volver a estudiar, trabajar en tus proyectos creativos, creer en lo que tienes para entregar, pensar en cómo hacer expansión de tu negocio, abrirle las puertas de tu corazón a otras personas y hasta de iniciar familia. La verdadera abundancia no se mide con dinero, sino con experiencias vividas y amplitud en tu visión de que lo que envisionas es posible. Mal integrado, Júpiter puede llevarte a aventuras y medias oportunidades que crees que puedes mejorar solo con optimismo o con golpes de suerte, pero tengo la certeza de que las lecciones del 2016 te enseñaron que no siempre es así, y que lo bueno se aprecia haciendo el trabajo para mantenerlo y mejorarlo.

ES
CO

REGENTE
Marte y Plutón

MODALIDAD
Fijo

Elemento •··•
Agua

Gema •··•
Amatista

R

PIO

OVER

Con el planeta Saturno en tu zona de valor, dinero y posesiones, el 2016 te dio muchas lecciones sobre administración de recursos personales, gastos e inversiones, temas en los que tuviste que recortar. Como para crear balance, esas situaciones también te enseñaron que tenías que abrirte a conectar con más personas, a colaborar en proyectos con otros y lo apreciado que eres por quienes te rodean.

Te comento esto antes de iniciar el 2017, porque gracias a esas lecciones decidirás que este año que está empezando debes tomar tiempo aparte para meditar y hacer cambios importantes en tu vida. Con Júpiter (planeta de la expansión) a tus espaldas en Libra, estás preparándote para el ciclo de expansión más importante en 12 años, que empezará en octubre.

Desde el inicio del año hasta ese momento, te verás dejando atrás lo que te limita, gestando nueva vida y atendiendo temas que antes habías dejado al descuido.

VIEW

Debido a ello, ya que tendremos eclipses en tu zona de creatividad y la de cambio de perfil público, muchos Escorpio estarán esperando bebés, pasando más tiempo con sus familias, tomándose en serio sus relaciones y superando adicciones que pensaron que eran imposibles de superar.

En general, es un año de sanación de adentro hacia afuera, y sin las lecciones del 2016 no apreciarías este tiempo de renovación, sin el cual no podrías tampoco aprovechar el año más importante de tu vida, que va de octubre del 2017 a noviembre del 2018.

LO QUE HACE TU PLANETA
REGENTE ESTE AÑO

Tu planeta regente es Plutón, planeta del poder personal y la transformación. Para ser muy honesta contigo, desde el 2012 Plutón ha tenido muchas tensiones que deben haberse manifestado en tu vida como urgencia por expresar lo que piensas, darle poder a tu voz, trabajar escribiendo, con contenidos, editoriales o encontrando tu propia manera de revelar lo que tienes por dentro, vía arte, diseño o relacionados, y eso puede haberte llevado a cambiar de trabajo. Sin duda, han sido años para explorar tu pasión y creer en ti.

Este año Plutón tiene tensiones liberadoras. Las más importantes serán las que creará con Júpiter en Libra, y ya de esta energía tienes referencia, ya que la primera tensión fue el 24 de noviembre del 2016. Las próximas son el 30 de marzo y el 4 de agosto. Estas tensiones se tratan de encontrar balance dentro de ti para manifestar algo cercano a tu corazón. Mira a Júpiter en Libra como un profesor que equilibra y a Plutón como tu poder de manifestación. Sea un bebé (porque Libra, signo donde está Júpiter, es el de las relaciones) o un proyecto que haces en asociación o asesorado por alguien, en esos periodos estarás trabajando en pulir esa gema tan valiosa para ti y poder "darla a luz" cerca de noviembre.

Pero debo decir que no será fácil para todos los Escorpio, ya que para poder trabajar proactivamente con esta energía primero tienen que aceptar que no siempre les gusta pedir ayuda, confiar en otros o tener que hacer las paces con ustedes mismos y tener que dejar ir personas y situaciones para que nuevas puedan tener lugar. Hay sanación interna que hacer. Ahora, para lo que sí eres el mejor es para llevar tu proceso interno y gestar algo sin que nadie sepa.

Sobre todo si eres un Escorpio que desea manifestar una relación verdadera, o un negocio en asociación que funcione, debes perdonar y dejar ir experiencias pasadas para que tu vibración no repita el mismo patrón, y así puedas aprovechar al máximo el eclipse en Piscis del 26 de febrero, por ejemplo. Por eso, si hay una sociedad que no está avanzando y está tomando mucha de tu energía, evalúala en enero y febrero, conecta con tu certeza, escúchate y toma una decisión. Ya verás en otras secciones que con los eclipses que trae el 2017 estarás rediseñando tus planes profesionales a largo plazo, y mucho tiene que ver con la ayuda de tu planeta Plutón, que te empuja a buscar un trabajo o estudio que envuelva algo que te apasiona, te reúna con personas con intereses similares y una mejor experiencia de relación o asociación que la que tuviste en el 2013 y 2014.

Otro momento "caliente" para Plutón será el periodo junio-julio, debido a que varios planetas estarán visitando el signo Cáncer, que es el opuesto a Capricornio, donde está tu planeta. En ese momento es cuando el Universo, la vida, te invita e incentiva a estudiar, investigar sobre eso que te llama la atención o ir más allá por una relación que te mueve. Se te estará pidiendo que confíes una vez más, que te abras y sientas, en especial si al inicio del 2016 una relación no funcionó. Debido a los patrones energéticos de estos meses, viajes, el extranjero, universidades, casas de estudio y cursos te abren una gran puerta a un nuevo mundo del cual nace la inspiración para ese rediseño de tu profesión, o el encuentro con esa persona especial para ti.

El mejor momento para Plutón, y no es ni siquiera en alineaciones con este planeta, viene en noviembre cuando varios planetas estén pasando por tu signo y conectando con Júpiter (planeta de la expansión), que te visita por primera vez en 12 años. Júpiter en tu signo responde al Sr. de la casa que es Plutón, y por eso su posición en tu zona de la comunicación es más fuerte. Otra situación que refuerza aún más esto es la entrada de Saturno a Capricornio al final del año, pues Plutón está en ese signo.

¿Qué significa todo esto para ti?

Que en los últimos dos meses del 2017 tu planeta Plutón estará trabajando muy bien aspectado para darte no solo un año (hasta noviembre del 2018) en el que un contrato civil, personal, o comercial te impulsa. Tus ideas o proyectos creativos en los que trabajarás en el 2017, mientras descubres tu pasión, pasan a otro nivel, y es posible que hasta consideres mudarte a una ciudad donde hay más oportunidades para hacer lo que amas. La situación financiera mejora y la sensación de transición, ajuste y estirar tus recursos será cosa del pasado. Lo más importante para llegar a sintonizar con esta energía es apreciar la transformación que has vivido desde el 2012 hasta acá (en lo que seguro también se incluye una mudanza que cambió tu vida) y en trabajar para soltar una limitación que te impide conectar con tu poder personal, que es temerle a tus emociones, cerrarte y no contar con los demás. Esto es muy cierto para los Escorpio nacidos del 7 al 15 de noviembre, que son los que más invitados están a transformar sus aparentes limitaciones en lo que les impulsa a ser exitosos este año y el que viene.

TRABAJO

Antes de hablar de trabajo hablemos de un tema relacionado que estuvo difícil para ti en el 2016: el dinero. Si esto no fue un asunto difícil, tiene que ver con tu autoestima, estuviste en un proceso de empezar a amarte mucho más... Pero para los que sí, esa limitación de recursos o deudas pasadas que reaparecían tiene que ver con la visita de Saturno (planeta del trabajo duro, limitaciones, estructura y compromiso) en tu zona del valor, que empezó en el 2015 y se extiende hasta el final del 2017.

Por donde Saturno pasa, tendemos a experimentar limitación para madurar en esos temas. Para ti, todo lo que tiene que ver con salario, recursos valiosos como energía y tiempo, también asuntos de posesiones y propiedades (incluyendo la propiedad intelectual), han sido áreas de trabajo en tu vida, pero sé que en el 2016 aprendiste unas cuantas lecciones porque Saturno estuvo muy activo. Espero que llegues al 2017 sin deudas pendientes (Saturno rige el karma material y parece que has pagado unas cuantas facturas), porque si no en el 2017 tendrás que concentrarte en ello y no tanto en las oportunidades que da este planeta, que se encuentra en "mejor situación".

Verás: Saturno está en Sagitario, que es el signo del planeta Júpiter. Esta es una posición de expansión, pero primero hay que terminar con lo pendiente y tener estructura o madurez para manejarte muy bien si la expansión se da. Si no entiendes, te doy un ejemplo: digamos que tú deseas tener 20 clientes al día porque eso te hace pensar que ganarías más dinero. Si esos 20 clientes se presentan hoy y aún no tienes una oficina con sala de espera o personal, quizá la manifestación de tu deseo crearía caos en tu vida. Saturno "opina" que si vas avanzando poco a poco vas creando la mejor estructura para que esa situación se dé, y se dé bien. Muchas pistas te dio en el 2016 sobre negocios o planes existentes a los que les faltaba estructura y también te advirtió para que te hicieras cargo. Sería ideal que te tomes tiempo para reflexionar sobre esas lecciones, para hacerte consciente y no seguir repitiendo un patrón, que en vez de ayudarte a avanzar te tiene en el mismo lugar a nivel profesional, de entregar calidad con tu trabajo y así ganar más.

De vuelta a Saturno, en el 2016 este planeta en Sagitario respondía a Júpiter que estaba en Virgo, una posición incómoda para todos y para ti afectó en las sociedades. Seguro aprendiste que uno tiene que estar demasiado claro y cuidar detalles antes de entrar en sociedad con otro, y que siempre es bueno verificar de dónde vienen los fondos para las inversiones. Este año, Saturno en Sagitario responde a Júpiter que está en Libra, una posición y mezcla de energías más favorable para todos, y en cuestión de dinero o estabilidad, muy buena para ti. Lo primero que harán estos dos planetas es ayudarte en cuestiones legales, contratos o resolver un malentendido del pasado con socio o cliente.

Más adelante en el año, Saturno de hecho conversa con Júpiter a través de un sextil, que es una alineación positiva. Las fechas son el 2 de febrero (no hay un sextil exacto, sino amplio) y el 28 de agosto, pero sus manifestaciones son muy distintas, porque en febrero aún no ha pasado uno de los eclipses más importantes para ti, que es el del 7 de agosto, que trae un cambio de profesión u orientación profesional, en cambio la del 28 de agosto ya pasó por ese eclipse y te encuentra mucho más claro con lo que quieres hacer. Y se pone mejor, porque esta energía da impulso a un trino de fuego que tendrá Saturno con Urano en tu zona de estilo de vida en noviembre, en el que ya contarás con Júpiter (expansión) en tu signo por primera vez en 12 años.

Para que entiendas mejor: esos sextiles te ayudan a renegociar un contrato, a conseguir los recursos de parte de alguien en quien confías (buena fuente de préstamo o de ayuda), que cree en ti y en los cambios profesionales que estás haciendo. El primer sextil es de ayuda para un Escorpio que sabe que viene un cambio pero no está seguro a dónde va. El segundo sextil encuentra a un Escorpio mucho más seguro de sí mismo, con seguridad interna que le lleva a negociar beneficios o mejores condiciones en su trabajo, incluso a punto de abrir, iniciar o lanzar algo propio.

En resumen…

El 2017 es un año más fácil de llevar en temas de dinero, posesiones o propiedades, pero no por tener más recursos, sino por llevar una mejor administración. Tus habilidades de negociación deben pulirse tanto como tu tacto social para conectar con personas que pueden ayudarte. Necesitas tener ahorros o un trabajo que tenga entrada fija y ahorrar, ya que a mitad de cambio querrás poder hacer un cambio de empresa o profesión. Esto no se trata únicamente de lo que quieres materialmente, pues los eclipses se refieren a la razón de encarnación y los eclipses de este año te moverán con fuerza a hacer algo que es lo tuyo.

Ahora sí, trabajo…

Ya por ahí te he dejado entrever que se vienen eclipses que cambian tu orientación profesional. Desde aquí puedo escuchar a muchos Escorpio gritando que no quieren cambios, que aman lo que hacen y me parece genial. Si es así, pues míralo como eventos que impulsan tu carrera y reconocimiento, una mayor libertad creativa y proyectos excitantes, que si bien no prometen mucho dinero al inicio después te darás cuenta de que te lo dan de vuelta en prestigio y hacen que esos proyectos valgan la pena y la gloria.

Pero para empezar con buen pie, les comento a los Escorpio sin trabajo que después del 8 de enero tienen un par de semanas positivas para buscar trabajo. La luna llena del 12 de ese mes te favorece si estás pasando por entrevistas, si estás tomando la decisión de volver a estudiar, buscar mejores oportunidades en el extranjero o si estás buscando un segundo trabajo.

Para todos los Escorpio, febrero y marzo son meses de cambios, porque estaremos trabajando con la energía de los eclipses. Allí es cuando empiezan las dudas sobre trabajar en esa profesión o en esa empresa, también cambian las prioridades y una situación llega a un momento de cierre, pero te ves con muchas ganas de iniciar algo nuevo que de verdad te gusta. Me explico: el 10 de febrero tendremos el eclipse de luna llena (finales) en tu zona profesional, y el 26 de ese mes el eclipse de Sol (inicios) en Piscis que cae en tu zona de bebés, proyectos creativos. Me atrevo a preguntarte si para septiembre del 2016 estabas ya creando algo tuyo, porque de ser así, este sería el momento en el que dejas el trabajo de oficina o con horario para irte con todo por lo que tú estás creando. De nuevo, en sintonía con lo que te expliqué en la sección del dinero, no se trata de grandes ganancias en este momento, sino de libertad, de trabajar en lo que amas, de administrar uno de los recursos más importantes para ti: tu tiempo.

Aunque los eclipses se den en febrero, en marzo aún estás trabajando con su energía y buscando las mejores opciones para lograr ese cambio de manera efectiva, ya que ese mes Venus (planeta del deseo) empieza a retrogradar justo en tu zona de estilo de vida y rutinas. Es tan claro para mí ver cómo las casas de trabajo, dinero y lo que haces día a día están activas dando un mensaje: naciste para mucho más, atrévete a apostar por algo que siempre te había llamado la atención, y si estás feliz en tu trabajo, atrévete a apostar por un proyecto que te gusta, serás escuchado.

De vuelta al horóscopo, la retrogradación de Venus de marzo a abril que se engancha con la retrogradación de Mercurio de abril a mayo es periodo de cautela, cambios bien planificados y renegociaciones. En esos meses es cuando los Escorpio que temen dejar lo seguro tendrán que lidiar con sus miedos, porque ya no pueden seguir teniendo una vida gris pero segura, en vez de una colorida que requiere un salto. Y como sé que uno no da saltos sin una red de seguridad, es la razón por la que te dije al inicio que los primeros meses del año ahorres.

Los meses de ejecutar cambios son junio y julio, en los que tendremos la cuadratura cardinal. Para ese momento estarán pasando muchas cosas en tu vida, sobre todo si eres de los Escorpio que empezó a considerar una mudanza para buscar mejores opciones. Luego en agosto viene el tan mencionado eclipse de Sol en Leo, que va con el de Acuario. En español: tendrás un eclipse fuerte en la zona del hogar y uno hermoso en el área profesional, y aquí es cuando despegas después de tantas dudas, después de darle la vuelta, después de haberte atrevido un poquito, ahora sí para dar tu 100 por ciento. Una relación te motiva y en ese momento será un apoyo muy bueno.

Ya en septiembre estás más seguro, más cómodo y con planes por ejecutar pero te caería bien asociarte, mientras aprovechamos los últimos días de Júpiter en el signo Libra.

Ya el 10 de octubre Júpiter llega a tu signo y empieza otro ciclo, que es de abundancia. Para ese momento Saturno estará en sus últimas por tu zona del dinero y podrás decir que superaste el ciclo más difícil en cuestión de dinero, posesiones, propiedades y estabilidad en 29 años.

AMOR Y FAMILIA

Antes de empezar a contarte sobre el amor este año y los mejores periodos para ti, debes saber que por el hecho de que casi todo el 2017 tienes a Júpiter (planeta de la expansión) en Libra, que es el signo que está a tus espaldas y zona de finales, este es un año para soltar resentimientos por exparejas, por lo que no sucedió y si estás feliz en pareja, para soltar una etapa anterior, como la de novios o recién casados, para ir al siguiente nivel, definido y diseñado por ustedes.

El año empieza muy bien para los Escorpio solteros. Marte (planeta de la acción) estará visitando el signo Piscis, que es tu zona de romance, haciendo de este tema uno de los más activos para quienes están con ganas de iniciar una relación. Venus (planeta del deseo) y el Sol también pasan por Piscis, haciendo que esta energía esté disponible todo el mes de febrero, incrementándose para el final de ese mes, en el que tendremos el último eclipse en ese signo por muchos años. Ese eclipse de inicios en Piscis del 26 de febrero te beneficia en cuestiones del amor, creatividad y un proyecto creativo personal, y aunque no estés enfocado en el amor con alguien de manera romántica, es un eclipse tan bueno para darle amor a un proyecto muy cercano a tu corazón, que de todas maneras te sentirás vibrante y receptivo.

Tal como leíste arriba, después de ese eclipse en febrero tu atención se dirigirá a asuntos profesionales, pero igual cabe mencionar una vez más que, del 4 de marzo al 15 de abril, Venus (planeta del deseo) estará retrogradando, y de manera general nos afecta a todos en cuestión de relaciones, pues Venus rige estos temas y cuando ella retrograda (que no es seguido) empezamos a cuestionarnos si esto es lo que de verdad queremos. Y para ser más clara: Venus retrograda en tu zona de trabajo diario y rutinas, pero se devuelve a tu zona del romance. Aparte, Mercurio engancha su retrogradación que empieza en tu zona de parejas, por eso, abril y mayo son meses en los que vuelven los fantasmas amigables y bueno, otros no tanto. Unos vuelven por perdón, otros para regresar, quienes están juntos vuelven a "repasar" temas que son importantes para ustedes como pareja, como "¿queremos o no tener hijos?", y como el tema del trabajo estará fuerte, no puedo sino pedirte paciencia y que no evadas la situación, sino que lidies con tus miedos para poder avanzar.

Si decides regresar, mayo será un mes para cementar esa relación. De hecho, el paso de planetas por el signo Tauro ayuda a todos los Escorpio a concretar planes con su pareja, pero esperen a después del 5 del mes, porque antes Mercurio estará retrógrado. Después de esa fecha podrán aprovechar la energía de la luna nueva en Tauro, que sucede al final de abril, energía que estaba contenida por la retrogradación.

De allí hasta la mitad de junio trabaja en fortalecer la comunicación con el otro porque el final de junio y todo el mes de julio es para ver cómo empiezan a manifestar esos planes. Este también es el periodo que favorece a las personas Escorpio que tienen una relación a distancia, de hecho, con la luna nueva en Cáncer el 23 de junio y la luna llena en Capricornio el 9 de julio deben estar encontrando una solución, a ver si pueden estar más juntos. Si están en la misma ciudad y van muy bien, esos eventos lunares los llevan a cuadrar la fecha de boda o a casarse, y caerían de maravilla los eclipses de agosto que marcan mudanza y cambio de estatus, a menos que estés usando esa energía para el cambio profesional.

Si para ese momento sigues soltero, usa las alineaciones de planetas en Virgo conectando con tu planeta Plutón y con Neptuno en tu zona de romance en septiembre para activarte en tu vida social y conocer a alguien nuevo. Otro momento de gran atención por parte de admiradores será cuando Venus te visite del 7 de noviembre al primero de diciembre. En medio de ese periodo tendremos tu luna nueva el 18 de noviembre que te beneficia en cualquier inicio y renovación que quieras dar a tu vida, sea desde un cambio de *look* hasta atreverte a invitar a alguien.

Momentos para tener en cuenta

Ya te conté los mejores momentos. Ahora quiero darte unas cuantas fechas en las que si tu relación está mal puede terminar o darse un respiro, o en las que puedes considerar que un cierre se ha dado, que un ciclo se ha completado con alguien que ya será parte de tu pasado.

- *Oposiciones entre Júpiter en Libra y Urano en Aries*: estas oposiciones son de separación y, en verdad, para que algo mejor se pueda gestar. Atento: si estás feliz con tu pareja, estas oposiciones piden cambio en su interacción. Las fechas son: la primera el 26 de diciembre del 2016, la segunda el 2 de marzo y tercera el 28 de septiembre del 2017.

- *La luna llena en Piscis el 6 de septiembre*: esta pide que una relación de novios vaya más allá o que terminen siendo solo amigos. Es una luna llena de fertilidad para los casados.

- *La luna llena en Tauro el 4 de noviembre*: esta se da con una oposición entre Venus en Libra y Urano en Aries. Mucha tensión por resolver una situación con socio o pareja y ver la realidad de la situación.

SALUD

Tu zona de la salud verá tránsitos inusuales este año debido a la retrogradación de Venus, que no es muy común. Venus es el planeta del deseo, así que lo más importante en esta área será saber qué deseas en temas de salud, estado físico, rutinas y calidad de vida.

Digamos que eres mujer Escorpio y deseas salir embarazada o ponerte en forma. Digamos que quieres recuperarte de una lesión y volver a jugar fútbol. Digamos que quieres más tiempo libre para estar con tu familia o que quieres organizarte para dedicar más tiempo a un proyecto creativo, y eso te daría bienestar. Bueno, eso que deseas pasará por una revisión cuando Venus retrograde en Aries del 4 de marzo al 15 de abril, y como de hecho vuelve al signo Piscis, que es tu zona de creatividad e hijos, puedes experimentar falta de motivación o recibir la noticia de que debes tener tratamientos aparte o terapias; y esto último, más que tener que ver con Venus retrógrada va más con Mercurio, que empieza a retrogradar al mismo tiempo, por eso debes tener paciencia y tener certeza, ya que sea sanación corporal o salir embarazada, el eclipse que se da en febrero indica que ese sueño se cumplirá este año antes de octubre.

Eventos importantes para tu salud

- *Júpiter en Libra*: Júpiter es el planeta de la expansión y está a tus espaldas, que es tu zona de espiritualidad, finales de ciclos y gestaciones. No solo esta posición de Júpiter favorece los embarazos y todo a lo que quieras dar a luz, sino que también se trata de un tránsito de expansión de tu mundo interno. Míralo así: a partir del 10 de octubre Júpiter estará en tu signo y no te visitaba en 12 años. Cuando Júpiter llega a ti, trae mucha energía de expansión. Para ese momento debes tener una visión, si no… ¿qué harás con las oportunidades? Júpiter en Libra este año te llevará a conectar con tu voz interna, te reunirá con un karma gemela o alma gemela, te invitará a iniciar un proyecto en silencio para mostrarlo cuando esté listo, te llevará a conectar con tus emociones, a meditar, hacer yoga, mejorar tu calidad de vida porque cambia la calidad de tus pensamientos y energía. Va a presentarte a las personas correctas para el ciclo de expansión que viene en el 2018 y también traerá ángeles guardianes para que te ayuden.

  ¿Cómo así? Imagina a Júpiter a tus espaldas como un ángel guardián. Es muy normal que en este tránsito alguien aparezca cuando más lo necesitas y "cubra tus espaldas". Si hay un momento para recuperar la fe, es ahora.

- *La luna nueva en Aries*: si de cambiar de hábitos se trata, usa la luna nueva en Aries del 27 de marzo, pero ya sabes… como Venus estará retrógrada y Mercurio a punto de retrogradar, ese cambio puede que no sea deseado, sino que te toque dejar las harinas o mejorar tu condición de salud casi a la fuerza. Motívate y ayúdate.

- *La llegada de Júpiter a tu signo*: a partir del 10 de octubre que Júpiter te visita, tu energía vital se incrementará, y lo sentirás porque casi todo el año estarás más bajito que de costumbre, o con ganas de estar tranquilo, en casa, no tan social como antes. Pero cuando Júpiter llegue, vuelves con todo y verás que tienes ánimos y energía de sobra.

LOS ECLIPSES

1. **Eclipse de luna llena en Leo el 10 de febrero**

   Este eclipse es de finales porque es de luna llena, pero al ser en Leo que será este año el punto de evolución, es un buen final para ti. Este eclipse manifestará cambios a nivel profesional. Renunciar a tu trabajo, decidirte por hacer algo completamente diferente pero más a tu gusto es posible. Es importante que sepas que esto difícilmente suceda ese mismo día, pero sí verás situaciones que te están encaminando a dar ese paso en las semanas siguientes. Si no quieres renunciar a tu trabajo, quizá debas dejar uno de tus proyectos, o la salida de una mujer de tu empresa deja el campo abierto para que tú tomes la plaza.

2. **Eclipse de Sol en Piscis el 26 de febrero**

   Este eclipse se da en tu zona de la creatividad y como los eclipses se dan en pares y cuentan una historia, la suma de la energía de ambos parece indicar que dejas un trabajo tradicional para perseguir un sueño, o invertir en tu proyecto creativo personal que ya estaba andando pero en pausa. Este eclipse también es de fertilidad e inspiración para nuevos proyectos.

3. **Eclipse de luna llena en Acuario el 7 de agosto**

Este eclipse se da en la base de tu rueda zodiacal, en tu zona de hogar, familia, estabilidad y sensación de pertenencia. Una buena referencia para que sepas cómo te afecta es recordar qué estabas viviendo cerca del 18 de agosto del 2016 cuando tuvimos uno similar. Este evento también puede tener que ver con tu cuerpo, tu salud y que recibas noticias de que debes probar un tratamiento alternativo. Si tienes planes de mudarte este año o de hacer cambios en cómo, con quién vives, este será el momento en que esos cambios ocurren.

4. **Eclipse de Sol en Leo el 21 de agosto**

Una vez más, tendrás un eclipse en la zona profesional, metas y éxito, pero esta vez será un eclipse de Sol, así que es de inicios. Aunque Mercurio está retrógrado, otras alineaciones al final de agosto y de septiembre te ayudan a emprender algo soñado por ti. Solo faltaba un título, asunto legal a favor o certificación y ya está casi listo, ahora lo confirman. Entiende que todo el 2017 es una preparación para que cuando llegue Júpiter a tu signo el 10 de octubre, ya con la visión clara, arranques. De entenderlo así, verás que tiene sentido que los eclipses estén tratando de "encarrilarte" hacia un lugar de trabajo en el que puedas florecer, crecer y aportar. Es en este momento del segundo eclipse en Leo que estarás donde tienes que estar y te sentirás listo internamente para dar un gran salto.

FASES RETRÓGRADAS DE MERCURIO

1. **Entre Capricornio y Sagitario, del 19 de diciembre del 2016 al 8 de enero del 2017**

   Esta retrogradación se trata de planes que dependen de dinero que te deben o que estabas por cobrar, que al no tenerse a tiempo ponen en pausa todo. Después de que Mercurio arranque directo el 8 de enero, podrás contactar una vez más a las personas que te deben que estaban de viaje, pero también serás llamado si debes algo; por eso, si ves esto a tiempo, debes saber que diciembre no es un mes para gastar sino en lo necesario.

2. **Entre Tauro y Aries, del 9 de abril al 3 de mayo**

   Esta retrogradación coincide con el final de Venus retrógrada casi en la misma zona. Si tomamos en cuenta que una de las manifestaciones de la retrogradación de Venus se refiere a cambios de oficina que puede venir por cambio laboral o por mudanza de ciudad que te lleva a buscar nuevo trabajo, esta retrogradación explica otra parte de la historia: el lento ajuste a ese nuevo lugar y cómo tu socio o pareja influyen en el proceso. Quizá estés asociado y el socio quiera hacer cambios en sus planes que deben manejarse con calma, revisarse mejor. En el amor, antes de tomar una decisión abrupta, espera que lleguemos a mayo, ya que al parecer ambos están en un periodo de ajustes.

3. **Entre Virgo y Leo, del 12 de agosto al 5 de septiembre**

   Aparte de los varios eventos que hacen de este año uno de cambios profesionales para Escorpio, también tenemos esta retrogradación que de hecho coincide con los eclipses que te estarían encarrilando a trabajar con tu propósito.

La retrogradación de Mercurio te hace recuperar tu chispa, reconectar con tu voz interna, que es maravilloso, pero también puede presentar retrasos en el cambio que ya estás loco por hacer. Es como obtener una propuesta o tener una idea para emprender pero tienes que esperar un mes más para ponerla en acción. No te apures, que entre más cerca de octubre mejor, aunque ya acá con el eclipse y esta retrogradación te vas sintiendo como cuarzo bajo el sol, muy claro en lo que quieres hacer después y lo que tienes que dejar ahora para abrir el camino.

4. **En Sagitario, del 3 al 22 de diciembre**

Una vez más, Mercurio retrograda al final del año en tu zona de dinero, salario y finanzas. Ya con Júpiter en tu signo el *outlook* es mucho mejor que el del 2016, sin embargo, planes de viajes, terminar proyectos a tiempo o cobrar antes de que se acabe el año puede estar difícil. Pero te dejo una clave: Mercurio empieza a "actuar raro" el 14 de noviembre. Si de alguna manera puedes planificarte para cobrar, dejar todo lo del viaje listo o hacer lo que debas antes de esa fecha, te irá mejor que si lo dejas para diciembre. Último pero no menos importante: como esta retrogradación coincide con la movida de Saturno de Sagitario a Capricornio, la elaboración de un contrato o una oferta/ promesa de trabajo se presentará, pero procura aceptar o firmar en enero.

LO QUE DEBES SABER
PARA APROVECHAR AL
MÁXIMO ESTE AÑO

Tener al planeta de la expansión a tus espaldas puede significar un *time-out*, como una pausa para replantearte muchas cosas en tu vida. Pero no lo veas de manera negativa, de hecho, es una oportunidad para prepararte, volver a estudiar, recuperar un proyecto, pulir un talento, volver a conectar con tus emociones y tu poder interno, revivir una relación o reencontrarte con alguien a quien conociste en otra vida. También te beneficia en cuestiones de sanación y no solamente física, ayuda en temas de embarazo, creatividad, inspiración y superación de límites autoimpuestos. La mejor manera de aprovechar a Júpiter a tus espaldas este año de enero a octubre es con un *coach* que te ayude a entrar en contacto con tu potencial, que te ayude a recuperar la confianza en ti mismo o que te guíe con los planes que tienes, que a partir de octubre toman mucha fuerza.

Recuerda que el éxito de Júpiter en tu signo de octubre del 2017 a noviembre del 2018 depende de este periodo de preparación, así que no lo des por sentado o como un tránsito aburrido.

SA
GI

REGENTE
Júpiter

MODALIDAD
Mutable

Elemento
Fuego

Gema
Turquesa

TA

RIO

OVER

El 2016 fue un año muy ocupado y de mucho movimiento, pero también un año pesado. Para empezar, tu planeta Júpiter estaba en Virgo, que es tu zona del éxito, así que tuviste que hacer muchas pequeñas tareas para surgir profesionalmente, tuviste que empezar a prestar atención al detalle de labores que no son tus favoritas, a lo mejor cambiaste de carrera y volviste a empezar, que significó tener que empezar desde cero o tener que aprender cosas nuevas. Aparte de esto, Júpiter estaba en una configuración llamada "la cuadratura en T", en la que también estaba Saturno (planeta del compromiso) en tu signo y Neptuno (planeta de la fantasía) en Piscis, por eso tenías dos tareas más: madurar, dar un paso grande en tu vida y terminar con lo que estuviera nebuloso. Cada tarea tuvo su momento y seguro aún quedan algunos trabajando en esto. La sensación de que la suerte se esfumó o que las bendiciones ya no caen del cielo puede acompañarte, así como la idea de que ya no eres un adolescente, aunque

VIEW

estés lejos de serlo hace años atrás. Pero veamos el lado bueno: en el 2016 te hiciste más responsable, hiciste un cambio de estatus, trabajaste como nunca y empezaste a eliminar situaciones, personas y relaciones que no te hacen bien. Ahora prepárate para el 2017, el año en el que todos esos esfuerzos empiezan a pagar y lo primero que vas a experimentar es un cambio de ambiente, amigos o tipo de clientes gracias a que tu planeta Júpiter está en el signo Libra. Esto va perfecto con los eclipses Leo-Acuario que cambiarán cómo te expresas, cómo compartes tus ideas con el mundo. Este año hay viajes, más conexión real que virtual, más exposición haciendo lo que amas, aventuras y amor.

No estoy vendiéndote un año perfecto, ¡eh! Tiene sus retos... pero de los que te gustan, te excitan y te encienden. Las bendiciones jamás te abandonarán.

LO QUE HACE TU PLANETA
REGENTE ESTE AÑO

Te rige el planeta Júpiter, que es sinónimo de expansión, crecimiento, enseñanzas y aprendizaje. Como te comenté en la introducción, Júpiter estuvo el 2016 en el signo Virgo, que es todo lo contrario a lo que Júpiter puede ofrecer. Júpiter quiere más, el signo Virgo más bien quiere eliminar el exceso. Júpiter tiene una gran visión, Virgo es el signo del detalle. No tengo que decir más para que entiendas por qué tus grandes planes tenían miles de pasos, muchas trabas, y aunque trabajaras mucho no sentías que había crecimiento. Este año es completamente distinto. Júpiter está en Libra hasta octubre, y ese es un signo que sí le gusta. Júpiter dice "expansión": y Libra dice "en belleza, armonía, relaciones y lujos", y sé que esto se lee genial, pero no te formes expectativas. Sí es el mejor año en un ciclo de 12 para ver expansión en:

- Nuevas relaciones.

- Nuevos amigos.

- Nuevos intereses que compartes con otros.

- Nuevos y mejores clientes.

- Mejor reputación en tu área de trabajo.

- Proyectos creativos grandes y que dan prestigio.

- Matrimonio.

- Mejor estilo y calidad de vida.

Pero si tú no pones de tu parte y no hay balance, entonces sentirás mucho desbalance entre lo que tú estás viviendo *vs.* tu generación, en relaciones de amistades, en posición económica *vs.* la de personas que hacen lo mismo que tú o tus cercanos. El desbalance es ultimadamente un llamado a balancear, y en verdad, este depende de cuánto trabajaste en el 2016 por cada uno de esos puntos. ¿Qué tanto trabajaste por tener nuevos amigos, por relacionarte con personas que están donde tú quieres estar? ¿Cuántas veces te dijiste que necesitabas nuevos amigos para X, Y, Z interés que no tenías con quién compartir? ¿Cuántas veces te dijiste que querías otro tipo de clientes? ¿Qué hiciste al respecto? ¡Exacto! De eso depende si ahora verás balance o desbalance.

Júpiter está gran parte del año en la casa astral que tiene que ver con tu ambiente circundante y aunque algunos astrólogos la tratan como la casa de los amigos, en verdad el ambiente circundante es sumamente determinante para nuestro éxito en todas las áreas de nuestra vida. Eso de "dime con quién andas y te diré quién eres", o "eres la suma de las 10 personas con las que pasas más tiempo", es cierto, y este año tienes la oportunidad de rodearte de personas que te elevan, no que refuerzan hábitos que quieres dejar.

Luego, en octubre Júpiter entra en Escorpio, que es el signo que está a tus espaldas. Escorpio es el signo de sentir intensamente, y tú Sagitario, que vienes después, representas las ganas de "volar", de esa intensidad y vivir tu vida, tener experiencias. Te lo explico para que entiendas que cuando Júpiter llegue a Escorpio, empieza un ciclo de 12 meses que dura hasta noviembre del 2018 que será para embarazarte, empezar un trabajo importante tras bastidores, en silencio, tomarte un año de descanso, dedicarte a ti, a tu mundo interno y espiritual.

Por eso y con mayor razón, aprovecha al máximo el tiempo que Júpiter estará en Libra, que es para activar tu vida social, conocer gente nueva, hacer buenas conexiones. Lo mereces, lo vas a disfrutar y le vas a sacar provecho para cuando venga la siguiente etapa, habrás aprendido e integrado lo que necesitas para dar a luz más vida.

Los mejores periodos de júpiter para ti

Los momentos claves de Júpiter este año están pautados por alineaciones que tendrá con otros planetas importantes y de lento movimiento. Por eso, se crearán patrones de energía. Presta atención que yo te explico, no es tan complicado.

Júpiter conversará varias veces con Plutón, que es el planeta del poder personal y que está en tu zona de salario, valor, posesiones y propiedades, con Saturno, planeta del trabajo duro y compromisos, que está en tu signo, y con Urano, que es el planeta de las ideas, el despertar de consciencia, la revolución mental, que está en tu zona de proyectos creativos y romance.

Estos patrones que se perfeccionan varias veces en el año te llevan a:

- Cambiar de trabajo, clientes y audiencia, gracias a que cambias lo que entregas, la calidad de tu trabajo porque quieres ganar más y tener libertad creativa.

- Reinventarte profesionalmente y ganar más.

- Cambiar de prioridades y dar más atención este año a tu vida social, relaciones e hijos, si has llegado a un punto en que los tenías muy descuidados.

- Enamorarte, casarte y rápidamente salir embarazada al final del año.

- Aprender a elegir mucho mejor en qué gastas tiempo, energía y dinero.

Vamos por patrones

Uno de los patrones importantes de Júpiter en Libra son las cuadraturas a Plutón en Capricornio. Júpiter está en tu zona social, de amigos, trabajo en equipo, ambiente circundante tratando de que tengas mejores relaciones, amistades, grupos, destacarte en tu colectividad. Plutón es el planeta de la transformación y está en tu zona de valoración personal, dinero, posesiones y propiedades. Si empiezas por trabajar dentro de ti y valorarte, podrás sentirte cómodo con personas nuevas que de alguna manera están donde tú aspiras estar, o tienen lo que tú quieres tener. Dependiendo de tu marco de consciencia, esto puede indicar que quieras codearte con gente de poder, o que quieras codearte con personas que como tú están interesadas en fundaciones, por ejemplo. Pero sin el trabajo interno no te sentirás a la par, y gastarás lo que tienes y aún no tienes para poder encajar. Al gastar no solo me refiero a dinero, sino a tiempo y recursos. Cuida de que por querer ser visto de una manera te desgastas, pues no quedarás feliz y no ganarás la atención o reconocimiento que deseas, sino que seguirás apelando a lo que hacías en el 2016 y como te veían allí.

Las cuadraturas Júpiter-Plutón se dan el 24 de noviembre del 2016, 30 de marzo y 4 de agosto del 2017. La última ha de ser el momento en el que finalmente te sientes parte de ese nuevo grupo, tienes los clientes que querías, no te sientes excluido, sino parte de aquello que aspirabas.

Otro de los patrones importantes: sextiles a Saturno en tu signo. Júpiter está en la zona social haciendo su magia. Saturno, que es el planeta del trabajo duro, responsabilidades, madurez y resultados, te está poniendo en cintura. Ambos trabajan juntos el 2 de febrero (no es un sextil exacto) y el 27 de agosto. Esta combinación es muy buena para ti, ya que se trata de que tu trabajo sí es reconocido y celebrado por el grupo, puede coincidir con el momento de tu boda, que se da delante de amigos, o una graduación. Esto se trata de dar un paso que es socialmente aplaudido delante de otras personas.

Por último, el patrón interesante que crean Júpiter en Libra y Urano en Aries. Júpiter está haciendo su magia, ya lo sabes, Urano está revolucionando tu zona de romance, creatividad, proyectos creativos e hijos. Las oposiciones se dan el 26 de diciembre del 2016, el 2 de marzo y 29 de septiembre del 2017. Estas oposiciones dependen mucho de qué tan creativo te sientes y qué tanto quieres una relación comprometida o libre. Quizá sientes la presión de otros por casarte ya y tú lo que quieres es gozar, quizá te enamoras de la nada y te escapas para casarte o sales embarazada sin planificarlo. Con Urano nunca se sabe, ya que es el planeta de las sorpresas que nos cambian la vida, y en una posición tan interesante para ti sé que nos vas a dejar con la boca abierta. Pero tú puedes aprovecharte de esta energía y reinventarte a nivel de imagen, marca, contenido, trabajo y proyectos creativos.

¿Lo ves? Júpiter tendrá un año excitante y tú también, así que vamos a darle con todo.

TRABAJO

Tu zona de trabajo ha estado muy ocupada desde septiembre del 2015, que tu planeta Júpiter llegó de visita. Tal como te he contado desde el inicio, este tránsito que terminó en septiembre del 2016 trajo cambios, mucho trabajo, atención al detalle, la búsqueda de la perfección o, en el mejor y más elevado de los casos, que te hayas dado cuenta de tu propósito (qué quieres hacer de verdad, qué te es natural) y cuál es tu potencial (cómo vas en el trabajo del propósito). Aparte de la estadía de Júpiter, también hubo varios eclipses que afectaron esa zona y por tanto tu desempeño, así como el compromiso que tenías en una empresa. Verás: Júpiter pasando por tu zona de trabajo te abrió los ojos a que puedes hacer algo mejor pero tenías que pulirte. Los eclipses en esa zona te movieron de un lugar de trabajo si ahí no tenías que estar. Sabes que en el 2017 Júpiter ya no está en esa zona, sino que ha pasado a la zona de trabajo en equipo, asociaciones para grandes proyectos y mejor posición en tu industria. También debes saber que no habrá otro eclipse en la zona profesional en 19 años. Con eso deberíamos respirar, ¿cierto? Pues sí, pero…

Debes saber

Que Saturno, planeta de la responsabilidad y trabajo duro, sigue en tu signo hasta el final de este año. Compromisos que tienes del pasado, proyectos andando y mucho más que aprender en cuanto al manejo de tu energía, conocimientos, tiempo y dinero, están para ti este año.

Que los eclipses ahora serán en Leo-Acuario, una serie que ayuda a los Sagitario que aún no saben cuál es su propósito, y que impulsa a los que sí saben pero estaban en un sistema de trabajo, de negocios y de complacer a los demás, que les hacía sentir presos aun cuando trabajan con su arte.

Que en este año en el que sientes que tienes un compromiso contigo (Saturno en tu signo), que estás encontrando tu pasión (eclipses Leo-Acuario) y que vas a estar conectando con muchas personas (Júpiter en Libra) tenemos cuatro retrogradaciones de Mercurio, que te dicen que tienes que tomártelo con calma.

¿Cómo así?

Te cuento: todo suena fantástico. Estás comprometido con encontrar un mejor trabajo, pulirte profesionalmente o capacitarte mejor. Estás en búsqueda de aventuras que te llevarían a reinventar tu trabajo, tu marca, tu imagen o darle nueva vida a otros proyectos... Pero se dará lento. Para que entiendas mejor, un ejemplo: no podemos hacer que un aguacate madure antes de su tiempo. O mejor dicho, sí podemos. Podemos ponerle papel periódico alrededor para que madure más rápido, pero igual hay que esperar... Es un estimulante. También podemos meterlo en el microondas, lo sacaremos y estará maduro, pero si lo pruebas, entenderás perfectamente por qué no se pueden acelerar las cosas.

Sabiendo que aún habrá eclipses de la serie Leo-Acuario en el 2018, tómate este proceso de descubrimiento con calma y permanece atento a las retrogradaciones de Mercurio que afectan...

Retrogradaciones de Mercurio y tu tema laboral

La del 19 de diciembre del 2016 al 8 de enero del 2017 en cuestiones de dinero, promesas u ofertas que te hacen. No te apures.

La del 9 de abril al 3 de mayo del 2017 en tu zona de trabajo diario y proyectos. Un momento en el que no te querrás apurar para sacar un proyecto de manera automática, sin corazón, solo por cobrar.

La del 12 de agosto al 5 de septiembre, que se da justo en tu zona profesional. Por otros eventos astrológicos, ese será el momento de tomar una decisión que cambiará el rumbo que llevabas, cambia los planes que tenías en cuanto a tu trabajo. Espera que Mercurio esté directo para tomar elecciones con claridad.

La del 3 al 22 de diciembre en tu signo, que te pide que pienses bien antes de tomar decisiones que afectan tu nombre, autoría, proyectos e imagen.

Los mejores periodos para lo laboral

Enero es uno de los meses más importantes para ti en temas de trabajo y dinero. Los planetas estarán pasando por el signo Capricornio, que es tu zona de salario, Mercurio estará arrancando directo y su conexión con Plutón al final de mes te da el mejor momento del año para poner los puntos sobre las *íes* en cuestión de cuánto se te debe o cobras por lo que haces. Para ese momento, también tendremos la luna nueva en Acuario (27 de enero), que representa el inicio de un ciclo en el que te expresas de manera diferente, por eso, esa negociación de salario o comisión tiene que ver con que tú estás poniendo las pautas de cómo quieres expresarte o hacer tu trabajo.

Para ese mismo momento, Marte (planeta de la acción) estará entrando en Aries, que es tu zona de proyectos creativos. Desde el 28 de enero hasta el 9 de marzo tienes excelentes semanas para emprender o iniciar proyectos, pero yo que tú aprovecho solo el mes de febrero porque ya en marzo Venus empieza a retrogradar, lo que me hace decirte desde ya que estés seguro si quieres hacer un proyecto con una mujer. Asegúrate de que está comprometida con su trabajo y que no terminarás haciendo todo tú. Sé que gracias a Júpiter en Libra este es un año de colaboraciones, pero para poder dar con la que es tenemos que besar unos cuantos sapos, y lo digo así porque se ajusta a todo tipo de relaciones y esta está incluida. Una colaboración con una mujer que involucras en un proyecto tuyo muy cercano a tu corazón puede perder impulso de marzo a abril, por la retrogradación de Venus. Si eres mujer Sagitario, incluso tú puedes estar fallando en cuanto a tu deseo, por cansancio. Y voy de vuelta a lo que les he dicho varias veces: Sagitario ama decir que sí a todo por no perderse de nada, pero es menester que escojas bien en qué inviertes tu energía para que el deseo no falle y el compromiso con lo que amas sea dado.

Otro momento caliente en cuestiones de trabajo es el periodo junio-julio, cuando se forma una cuadratura cardinal completa en la que se incluyen Plutón en tu zona del dinero, varios planetas en Cáncer, que es tu zona de comisiones, Urano en tu zona de la creatividad y tu planeta Júpiter en la zona de clientes. Este periodo dinámico y ocupado resulta ser uno muy productivo para mostrar al mundo tus proyectos, sobre todo después del 9 de junio, que Júpiter termine su retrogradación. Si trabajas por comisión o en una compañía grande, querrás aprovechar la luna nueva en Cáncer el 23 de junio para negociar cambios, y la luna llena en Capricornio del 9 de julio, un evento que siempre Sagitario debe tomar en cuenta porque suele venir con finales de proyecto o de proceso que envuelve dinero.

El mejor momento a nivel profesional para ti se da después del 5 de septiembre. Mercurio estará arrancando directo en tu zona del éxito, acaba de pasar un eclipse total de Sol en tu zona de capacitación, y eso tiene que ver con oportunidades que se abren gracias a tu talento; Júpiter está terminando tránsito por Libra, que es tu zona de clientes y tendremos la luna nueva en Virgo, que es espectacular para el lanzamiento de proyectos. Todo junto se ve como la receta que te da un gran logro.

Para terminar, debes saber que aunque el mes Tauro (mayo) suele ser uno muy bueno para que Sagitario busque y consiga trabajo, este año tiene muchas retrogradaciones encima. El mejor momento para esto es el final de enero y en febrero.

AMOR Y FAMILIA

Los factores más importantes del año para el amor

Saturno en tu signo. A pesar de todo el trabajo que impone, Saturno en tu signo te prepara para un gran compromiso.

Júpiter en Libra en tu zona social. Te pregunto: ¿conocerías a alguien sin hablar con nadie o socializando? Sea real o virtualmente, Júpiter en Libra te ayuda a deslumbrar y te hará codearte con personas muy interesantes.

Los eclipses Leo-Acuario, que sí tienen que ver con descubrir tu pasión y propósito, pero también con aventuras, explorar, ir más allá de lo que siempre haces, atreverte a mostrar aspectos de ti que usualmente no enseñas. ¿Y sabes que es atractivo? Alguien que vive su vida por experiencia y no por referencia. Alguien que tiene una vida excitante.

Esto es lo que está a tu favor, ahora hablemos de lo que está en contra hasta que tomes responsabilidad y lo trabajes.

Para tener en cuenta

Plutón en Capricornio: el planeta del poder en la zona de autoestima puede atraer personas impositivas a tu vida si no estás en contacto con tu poder personal. Si esto es un tema difícil o en el que te sientes débil, seguro manifestarás una relación que te haga consciente de ello a un punto que decides transformarte.

Neptuno en Piscis: la falta de claridad en ver quién eres, atender tus necesidades, poner sanos límites a personas que a veces se les va la mano con la confianza hace que te sientas débil en amor propio. Desde el año pasado te estoy diciendo que los límites más bien conservan relaciones, porque se basan en el respeto. Respétate.

Los eclipses traen cambios en tus relaciones. El primer par de eclipses se da en febrero. Con uno en Leo y el otro en Piscis, o decides mudarte para estar más cerca de alguien que amas, o una relación a distancia puede terminar. Esto también aplica para relaciones distanciadas. Estos eclipses tienen como finalidad que te centres en ti y aclares la visión de lo que quieres a largo plazo, pero requiere que seas muy honesto contigo mismo y tomes una decisión.

El segundo par se da en agosto. Con uno en Acuario y el otro en Leo, tal parece que estás haciendo cambios en tu vida profesional, en cómo te muestras, y eso siempre influye en las relaciones, pues será un momento en el que estarás apostando por algo nuevo, y la persona que está contigo debe aventurarse también. ¿Lo hará? Al final de septiembre lo sabrás.

Venus retrógrada: no es algo que pasa todos los años, pero en el 2017, Venus (planeta del deseo) va a retrogradar entre Tauro y Aries. Para empezar, cuando esto ocurre, nuestras relaciones se enfrían un poco. Las mujeres tendemos a cuestionarnos qué deseamos, qué queremos hacer y con quién. En esta oportunidad y debido a lo que viene después en junio y julio, parece que los sagitarianos querrán descartar una relación o un plan con su pareja estable, para darse cuenta en abril que vale la pena reconsiderar y dar otra oportunidad. Si estás en una relación seria, es un proyecto de ustedes dos, que bien puede ser un bebé, incluso un embarazo no planificado. Como Venus retrograda y después Mercurio lo hace, y en medio de todo eso Marte (energía y acción) entra en Géminis (tu zona de socios y parejas), tú y tu pareja deciden ajustar la relación o ajustar el plan y empezar de nuevo.

Ya con esto debes intuir que de marzo a julio tu vida amorosa no será aburrida. Una fecha que querrás recordar: 25 de mayo, cuando tengamos la luna nueva en Géminis, que marca un nuevo ciclo emocional en pareja y si estás soltero, un periodo para conocer a alguien nuevo. Otra fecha interesante para los solteros será con la luna nueva en Libra el 19 de octubre, que se dará en oposición a Urano (planeta de las sorpresas). Puedes conocer y engancharte con alguien diferente a tu tipo.

Y hablando de las sorpresas… no olvides que tu planeta Júpiter, desde tu zona social, tendrá varias oposiciones a Urano. Sus fechas son el 2 de marzo y el 28 de septiembre. Cerca a esos días relaciones toman un *twist* sorpresivo o puedes conocer a alguien que te deslumbra, que "te choca y te checa" pero te encanta. Eso no cae nada mal.

Familia

Es importante hablar del eclipse de Sol en piscis del 26 de febrero. Será el último del axis Virgo-Piscis, el último en tu zona de hogar y familia en años. Ese eclipse coincidirá con el momento de mudanza, cambios sobre dónde, cómo o con quién vives. Debes saber que es un eclipse positivo, pero por ser en Piscis (último signo del Zodiaco) y el último de ese axis en 19 años, algo también ha de terminar.

Hablando de tu estabilidad pero en otro orden de ideas, este será un año de viajes y mucho movimiento para ti, así que quizá estás considerando mudarte mudarte a un apartamento más pequeño en el que hagas una "parada técnica", o debas mudarte mientras decides dónde te quieres establecer, porque también habrá propuestas para vivir y trabajar en otra ciudad.

Será en octubre cuando sientas que tienes calma y estabilidad. Una vez que pase el eclipse total del Sol en Leo el 21 de agosto, ya sabrás a dónde vas a llegar, dónde te vas a quedar.

Sobre los hijos... ¿Quieres tener bebés este año? Porque parece uno lleno de oportunidades para lograrlo, pero más que llegar a esa meta, asegúrate de que tienes la estabilidad que necesitas.

Los periodos más fértiles son: a finales de febrero con ese eclipse de Sol en Piscis; todo marzo y abril, por tener a Venus, Mercurio y Marte transitando por tu zona de la creación y la zona del cuerpo, sobre todo si eres mujer Sagitario; en junio y julio con la luna nueva en Cáncer y la cuadratura cardinal, que también incluye a Urano (planeta de las sorpresas), en tu zona de la creatividad.

Luego la cosa se calma un poco y tu atención se concentra en asuntos profesionales o proyectos, pero una vez que Júpiter entra en Escorpio en octubre para quedarse hasta noviembre del 2018 iniciarás el ciclo de 12 meses más importante para gestaciones.

SALUD

Con Saturno en tu signo por un año más, debes cuidar tu salud. Su influencia baja tu energía vital, te hace necesitar más descanso, pausas, meditación sobre lo que haces. Saturno también afecta los huesos, así que si en el 2016 pasaste por algún tratamiento en los huesos o dientes esta tendencia continúa, lo bueno es que es el mejor periodo para fortalecer tu estructura.

Tu zona de la salud en tu rueda zodiacal está ocupada por el signo Tauro y por eso la luna nueva en ese signo el 26 de abril sería la mejor para iniciar nuevos entrenamientos o hábitos alimenticios, pero para ese momento, Mercurio estará retrógrado, lo que te indica que desde el inicio de abril de hecho estás buscando segundas opiniones de doctores, probando métodos diferentes de ejercicio o alimentación, tratando de volver a lo que fuiste una vez; pero será después del 3 de mayo que realmente podrás escoger lo que te gusta o hacer lo que aconseja un doctor.

Otro momento para introducir cambios a tu vida que mejoren tu salud y bienestar será con el eclipse de luna llena en Acuario, que será el 7 de agosto. Ese eclipse sucede en tu zona mental, pero todo cambio de hábito lleva el cambio externo y el interno, que es el más importante, ya que puede llevarte a hacer ejercicios, comer mejor, etc., pero si no cambias como piensas, tarde o temprano repetirás el patrón.

El mejor momento para cirugías o tratamientos será en noviembre, cuando Júpiter ya está en Escorpio. La luna nueva del 18 es en especial favorable, pero de todas maneras recomiendo que alguien vea tu carta personal para decidir.

Último pero no menos importante, sería el paso de Venus por tu signo del primero al 25 de diciembre, que indica el mejor momento para hacerte un cambio de *look*, pero Mercurio estará retrógrado en tu signo, así que no no no. Por eso, te recomiendo que aproveches la luna nueva en Géminis del 25 de mayo o la de Virgo el 20 de septiembre para un cambio de imagen profesional.

LOS ECLIPSES

1. Eclipse de luna llena en Leo el 10 de febrero

Este eclipse de luna llena es un eclipse de finales que se da en tu zona de la aventura y el aprendizaje. Es el momento en el que terminas un libro o producción importante, que terminas la universidad, un curso o que recibes noticias de cómo estás en cuanto a un proceso legal. También coincide con el momento en el que empiezas a hacerte consciente de que quieres quieres hacer cosas muy diferentes a las que estabas haciendo hasta ahora, y empiezan las ganas de reinventarte.

2. Eclipse de Sol en Piscis el 26 de febrero

Este es un eclipse de inicios que nacen de un final, y tiene que ver con hogar, situación de vivienda, familia, estabilidad y la superación de adicciones o negaciones (aceptar aquello que no querías aceptar). Este eclipse está enlazado con el que tuvimos el 16 de septiembre del 2016. ¿Qué se estaba terminando allí? ¿De qué te diste cuenta? ¿Esa persona o situación nebulosa aún está en tu vida? Si es así, debe llegar a un final para que puedas tener verdadera estabilidad, pero no te preocupes, que en Piscis tendremos tanta acción desde el inicio del año que parece una transición natural. Este eclipse es positivo, y lo que busca es que tengas buenas raíces para crecer más fuerte. Este es el momento de dejar ir el pasado y abrirte al futuro, así que una mudanza o cambio en tu situación de vivienda (cómo o con quién vives) son posibles, y aunque no se den en la fecha del evento verás grandes cambios unas semanas después, incluso pasado un mes. Si tienes tiempo trabajando en liberarte de una adicción o en una situación familiar tensa, este eclipse te verá llegar al final de ello.

3. Eclipse de luna llena en Acuario el 7 de agosto

Este es un eclipse de finales y, como sucede en la zona mental, el final puede darse en cualquier área de tu vida que decidas, porque quien cambia de consciencia cambia de destino. Principalmente, puede ser el final de un contrato, el final de ver las cosas de determinada manera, un cambio en la manera de pensar, de hablarte internamente. Aunque quieras razonar todo y llevarlo a cálculos y estadísticas, esta luna llena te pondrá en contacto con tus emociones e intenciones, con lo que de verdad quieres hacer con tu vida. Si buscas la información que te dejé sobre el eclipse de luna llena en Leo del inicio del año, notarás que te dije que allí empezabas a aburrirte de hacer siempre lo mismo, o no sentirte libre creativamente, entonces sería ahora con este eclipse que llegas a ese límite en el que te planteas un cambio radical. Si trabajas con información y/o contenidos, un cambio en lo que comunicas o cómo te expresas será inevitable.

Lo que te mantenga atado a un escritorio o ideal social sale por la ventana.

4. Eclipse de Sol en Leo el 21 de agosto

Este es el eclipse más importante de todos y no te creas que porque se da con Mercurio retrógrado no trae cambios rápidos. Este eclipse total de Sol en tu zona de aventura, el extranjero o largas distancias, te verá haciendo algo que dijiste que jamás ibas a hacer, como mudarte a otro país, trabajar de cierta forma o iniciar una relación con alguien de otra cultura. El extranjero o personas a distancia te llaman, te acogen y tú ya estabas deseoso de cambios, seguro te diste cuenta de eso con cada uno de los eclipses anteriores. Si no estás listo o con intención de mudarte a otro país, un nuevo curso, un viaje o nuevo asesor te abre a un nuevo mundo de libertad para crear, libertad para ti.

FASES RETRÓGRADAS DE MERCURIO

1. Entre Capricornio y Sagitario, del 19 de diciembre del 2016 al 8 de enero del 2017

El 2017 empieza con Mercurio retrogradando en tu signo, pero como la retrogradación de hecho empezó en tu zona de valor y dinero, es un periodo para no gastar ni tomar como cierta una oferta que te daría un pago hasta que esté todo por escrito y firmado después del 8 de enero. Como ya leíste, ese mes es muy importante para ti en cuestión de trabajo, por eso, haz las cosas bien y evita tomar decisiones en este breve periodo, que seguro estarás de vacaciones. Desconéctate y atiéndete.

2. Entre Tauro y Aries, del 9 de abril al 3 de mayo

Esta retrogradación se da al mismo tiempo que el final de la retrogradación de Venus. Como sucede después de los dos primeros eclipses del año en los que te comenté que empezarías a sentirte aburrido de hacer lo mismo, trabajar igual, etc., este es el momento en el que te planteas y replanteas cómo cambiar tu calidad de vida, tu rutina. Para algunos Sagitario se refiere a volver a agarrar su ritmo después de meses agitados o de recuperarse de algo. Por otro lado, también afecta relaciones que van empezando. Ve con calma en vez de querer acelerar la relación, ya que puede quemarse muy rápido.

Una manera de aprovechar este Mercurio retrógrado: rescata un proyecto personal cercano a tu corazón, dale atención a tus hijos, a tu embarazo.

3. Entre Virgo y Leo, del 12 de agosto al 5 de septiembre

Un mes antes de la única luna nueva en tu zona profesional, Mercurio retrograda en esa zona como para que pienses bien antes de hacer una movida importante. Esta retrogradación también coincide con importantes eclipses que pueden llevarte a una mudanza, a tomar una oferta en otro país, a empezar a estudiar algo nuevo o un viaje importante. Por eso, la retrogradación de Mercurio en este momento tiene que ver con pensar bien cómo hacer todo esto para que la luna nueva en Virgo, que es el inicio de un nuevo ciclo en cuestiones profesionales para ti, te vea tomando la mejor decisión de acuerdo con lo que en verdad quieres: moverte con claridad hacia el futuro.

4. En Sagitario, del 3 al 22 de diciembre

Una vez más, el año termina con Mercurio retrogradando en tu signo. Ya sabes: nada de cambios de *look* o inventos a tu imagen. Evita tomar decisiones que influyan en tu nombre, tu firma o tu marca. Los planes de viaje o de fiestas navideñas deben hacerse antes del 14 de noviembre, que es cuando Mercurio empieza la sombra. Usa la retrogradación para bajar las revoluciones, para conectar contigo y los que amas, para darte una merecida desconexión.

LO QUE DEBES SABER PARA APROVECHAR AL MÁXIMO ESTE AÑO

Este es el año que va entre dos años de transformación en tu vida. El 2016 te preparó para maximizar tu potencial, y ahora vas a verlo, verás resultados, más "control" sobre tus recursos, mejor administración de tu energía y cuánto puedes conectar viviendo desde la consciencia de una sana restricción y unos sanos límites que conservan mejor tu luz, en vez de ser como eras antes, que derrochabas o malgastabas. Los resultados que consigas este año gracias a eso son los que te permitirán usar el 2018 como otro año de transformación y poder, en el que ya no tendrás que hacer todo lo que estás haciendo al momento, en el que contarás con más influencia, poder o ayuda, en el que te dedicarás a crear cosas nuevas y a vivir más en paz. El 2018 será un año muy espiritual y para llegar a eso querrás cumplirte con unas cuantas experiencias que puedes tener este año si crees en ti, si te lo permites, si tienes certeza de que este es tu camino: aprender para compartir, integrar para dar tu luz al mundo.

CA
PRI

REGENTE
Saturno

MODALIDAD
Cardinal

Elemento
Tierra

Gema
Ónix

COR
NIO

OVER

Tienes un año más con tu planeta Saturno en el signo Sagitario, que es el anterior al tuyo. Si pudieras ver tu rueda zodiacal, verías a Saturno a tus espaldas y esto siempre coincide con un ciclo de dos años en los que terminas y eliminas de tu vida lo que no necesitas, lo que te limita o aprisiona. Esa es una manera de verlo, pero te doy otra: Saturno en Sagitario es la preparación para cuando entre en tu signo y eso ocurre en diciembre del 2017. Sé que sientes que Saturno está creando peso en tus hombros y que ya necesitas una pausa, pero esta es la preparación para grandes manifestaciones del 2018 al final del 2020. Aparte de este otro punto de vista,

VIEW

también debes saber que en el 2016 Saturno tuvo muchas tensiones a las que también agradeces, ya que te llevaron a dar un paso importante en tu vida. Este año, Saturno en Sagitario no tiene esas tensiones, de hecho trabaja de la mano con Júpiter, el planeta de la expansión que está en Libra, brindándote una oportunidad de crecimiento única por una relación, una asociación u oportunidad profesional muy merecida. No dudes que será un año productivo en el que verás frutos del trabajo hecho de dos años hasta acá. Además, los eclipses del año te benefician económica y románticamente.

LO QUE HACE TU PLANETA
REGENTE ESTE AÑO

Te rige el planeta Saturno, que como te dije en la introducción, está a tus espaldas, una de las posiciones más incómodas, porque se siente como un peso o responsabilidad que no puedes quitarte del hombro. Pero atención: Saturno puede representar un miedo, una creencia limitada o una persona que está encargada de manejarte, como un mánager o asesor. No olvides que Saturno no solo está a tus espaldas, sino que está en el signo Sagitario, que representa la verdad, los estudios, la libertad. Con esto lo que quiero decirte es que si tú te instruyes en lo que hace esa persona por ti, puedes liberarte, si resuelves un asunto legal, si trabajas a consciencia, si te vas de donde naciste, puedes liberarte. El peso que sientes es para que llegues a un punto dentro de ti en el que digas: "aunque me da seguridad, si no me da libertad, no me da vida", y empieces a hacer cambios. Para saber exactamente qué está haciendo Saturno a tus espaldas por ti, recuerda qué estaba pasando cerca del 24 de agosto del 2016 cuando tuvimos un evento importante en el signo Sagitario que incluyó a tu planeta. En ese momento, todos llegamos a un límite de "ya no más", y si recuerdas podrás identificar de qué o quién quieres liberarte, tener libertad.

Entonces: muchos Capricornio tuvieron chance de liberarse en septiembre del año pasado, pero hay otros que aún no. Los que sí, van a encontrar que este año es mucho más liviano, los que no, aún tienen esa materia pendiente con lecciones en enero, junio, julio, noviembre y diciembre.

Aún con lecciones pendientes, Saturno este año está mucho más suave que el año pasado, y te explico por qué:

Saturno está en Sagitario, signo que rige el planeta Júpiter. En el 2016, Júpiter también estaba en una posición difícil y por eso viste trabas para viajar, mudarte, cumplir procesos protocolares, conseguir un trabajo que te abra más oportunidades en el futuro o por una situación de embarazo o proyecto personal, cambiaron las prioridades.

Este año Júpiter está en Libra, que es tu zona del éxito, y desde allí ayuda a Saturno, así que la oportunidad difícil del 2016, este año está para ti. Júpiter a su vez trabajará con el planeta Plutón (representa el poder personal), que está en tu signo, así que te veremos reinventarte después de un periodo de ausencia o de estar evaluando cuál es el mejor rumbo profesional para ti.

Esto también puede representar un cambio de estatus en una relación importante, pero de eso hablaré más en la sección del amor.

Otra "ayuda" que recibe Saturno este año es la de Urano (planeta de los cambios súbitos), que está en Aries, tu zona de la estabilidad. No ha sido fácil decidir dónde vivir, si tener hijos o no, vender o alquilar casa... ¿cierto? Bueno, este trino de fuego te ayudará en cuestiones de estabilidad, muy necesitada porque desde el 2012 Urano es como un terremoto en la base de tu carta.

Los mejores periodos de Saturno para ti

Los trinos de estabilidad que tendrá con Urano en Aries, en tu zona del hogar, familia, pertenencia: estos trinos se perfeccionan el 19 de mayo y el 11 de noviembre, pero no te fijes únicamente en las fechas, porque a lo largo del año este trino se mantiene, pero con menos poder y tránsitos en el signo Aries te ayudan a trabajarlo desde febrero, que Marte llega a ese signo. Estos trinos se tratan de liberarte de la idea que tenías de la familia perfecta, o cómo tenías que vivir, o de un contrato que ya no te convenía. Entiende: Saturno, aunque es estructura, está en Sagitario, que es el signo de la libertad. Urano, aunque está en la zona de la estabilidad, es liberación.

La combinación de estas energías, y Marte, Venus y Mercurio pasando por Aries (cerca de Urano) te invitan a liberarte con ganas, con voluntad y decisión de lo que te impide sentirte estable, y este año tiene mucho que ver con lo que se pide o se esperaba de ti, por ejemplo, si quieres mudarte con tu pareja antes de casarte o incluso tomar la decisión de dejar una relación de matrimonio por el qué dirán. Desde diciembre del 2016 estabas sintiendo esto y como Júpiter está en Libra quieres estar en relaciones de pareja, de familia y hasta de compañeros de cuarto que te hagan sentir bien. Lo que también es posible con estos trinos es que después de estar viviendo mucho tiempo de una manera que no te gusta, por ejemplo, en casa de tus papás, logres tu independencia. El 2017 es grande para ti en estos temas de definir tu vida bajo tus términos y caer en cuenta de que algo no funciona y darte la oportunidad de empezar de nuevo.

El sextil a Júpiter en Libra, que se perfecciona el 27 de agosto, pero se hará sentir los primeros días de marzo. Por un lado, tenemos a tu planeta Saturno en tu zona de finales y, por el otro, a Júpiter queriendo expansión en la zona de estatus que es Libra, energía de parejas. Es un año de todo o nada, de matrimonios y divorcios. Pero fíjate: tanto en los trinos con Urano como en el sextil con Júpiter, estamos hablando de alineaciones positivas, así que aún en caso de una separación es lo mejor para ti y lo sabes. Los solteros se benefician de estas tendencias porque lo que dejan atrás es la soltería, ya que además Júpiter en Libra contando con Saturno en Sagitario hace de este año para ti uno gigante en cuestiones de compromiso romántico o por asociación.

Junio y julio: Marte (acción) el Sol y Mercurio (comunicación) transitarán por Géminis, que es el signo opuesto a donde está Saturno. En estos meses hay una conexión de Júpiter en Libra, planetas en Géminis y Saturno en Sagitario, que te ayudan a conseguir trabajo o salir embarazada. Aprovecha este momento si hay algo que quieres manifestar.

Diciembre: tu planeta Saturno entra en tu signo para quedarse hasta el final del 2020. Sé que esta es información del próximo libro, pero desde ya quiero que sepas que ese tránsito será de mucho poder. Aunque no lo sientas inmediatamente al final de este año, sé que la unión del Sol y Venus con Saturno al final del año te darán pistas de lo bueno que está por venir, la consolidación de algo muy importante para ti.

TRABAJO

Este año es uno de los mejores a nivel profesional y de carrera, sobre todo para los Capricornio que trabajaron en capacitarse, viajar o conectar con personas de otros países en el 2016, mientras Júpiter estaba en Virgo. Ahora en Libra te da 10 meses de expansión y oportunidades que se presentan gracias a una asociación. Puede que no quieras o no tengas intenciones de asociarte con otra persona, pero puede que vía una relación consigas una oportunidad fenomenal. Una vez que pasa octubre y Júpiter se mueve a Escorpio, que es tu zona de contactos, amigos, trabajo en equipo y sigue la expansión de tus proyectos, varios planetas entrarán en Libra a continuar el trabajo y por eso puedo decir que todo el año puedes avanzar en lo que te propongas. Ya con este marco de introducción, sabiendo que Júpiter está visitando tu zona profesional y que sucede una vez cada 12 años, te voy a contar de las alineaciones que tiene y que pueden ayudarte.

Lo primero que debes saber es que Júpiter empieza el 2017 directo, pero el 6 de febrero empieza a retrogradar hasta el 9 de junio. Eso quiere decir que desde que entró en Libra el 9 de septiembre del 2016 hasta febrero del 2017 debes estar abriéndote caminos, creando contactos, aprovechando oportunidades, pero evaluando muy bien, ya que en diciembre del 2016 Mercurio retrogradó en tu signo, así que una propuesta debería estar en el papel y no hablada para que tú digas que sí con certeza, y la firma de documentos u oportunidad de concretar un negocio o trabajo se da de la mitad al final de enero, gracias a planetas en Piscis conectando con Plutón en tu signo.

Luego, Júpiter retrograda y mientras está en "favor no molestar" habrá muchas cosas pasando debido a otros planetas, más retrogradaciones, así que de marzo a junio lo mejor es centrarte a crear lo pactado, encerrarte a escribir, por ejemplo, en caso de que el negocio sea un libro, o trabajar en la producción del producto, asegurarte de que estás cumpliendo con lo que se acordó. Con la retrogradación de Venus y Mercurio que va de marzo a mayo estarás tratando de tener estabilidad, centrarte y para los Capricornio artistas, volver a sus raíces. Y aquí es cuando sucede la magia:

muchas personas le tienen miedo a las retrogradaciones, pero con Júpiter, Venus y Mercurio retrógrados, aunque sientas lentitud para ver tu
meta hecha realidad o haya que hacerle varias revisiones al proyecto, el
resultado final será muy bueno. Además, si algo vas a aprender con la retrogradación de Júpiter en Libra es que el trabajo que has hecho hasta
ahora habla por sí solo. También puede representar el regreso del Capricornio que había tomado un momento de ausencia. Ese periodo es para
creer más en ti, y te lo digo también por los eclipses que se dan en febrero
que caen uno en tu zona de contratos y negociaciones, y el otro en tu zona
financiera.

En vez de pensar que estás trabajando para otro para poder tener estabilidad familiar o sentirte seguro, entiende que estás abriéndote a una
oportunidad que te permite compartir tu luz con el mundo. Explico de
nuevo: no te estreses pensando que el proyecto, la producción, lo que
se pide de ti tiene que probar algo. Disfrútalo porque Júpiter en Libra de
verdad es esa energía que te ayuda a surgir de lo natural; la oportunidad
se dio porque eres la persona para eso y sí, esa oportunidad negociada al
inicio del año cambia cuánto o cómo ganas, cómo manejas tus finanzas.
Sí, esa oportunidad estará trabajándose hasta junio, pero ¡sí! Eres la persona adecuada y va a salir bien. Hago mucho énfasis en esto porque puedes venir condicionado del 2016, un año en el que por más que hicieras e
hicieras, el resultado era pequeño y era porque Júpiter estaba en Virgo.

Y sigo... Júpiter arranca directo en junio y para ese momento varios planetas estarán pasando por Géminis, que es tu zona de rutinas y trabajo
diario. Allí también habrá un cambio en tu trabajo, o en el tiempo que
debes invertir en tus proyectos. Parece que nuevas oportunidades se presentan y eliges algo que te da un poco más de libertad que el proyecto de
inicio de año. Esta también puede ser una época muy ocupada haciendo
presentaciones, viajes cortos y atendiendo muchas cosas a la vez. Si para
ese momento estás buscando trabajo, hazlo cerca de la luna nueva en
Géminis que será el 25 de mayo.

Con Júpiter directo de junio a octubre, estarás percibiendo resultados de
lo que trabajaste mientras estaba retrógrado, pero para que entiendas
mejor debo contarte de las alienaciones que tendrá. Antes de hacerlo,
quiero decirte que para agosto tendremos dos eclipses muy importantes,

que cambian la manera como ganas dinero (sí, es un tema para ti este año), un nuevo modelo de negocios, un trabajo aparte del oficial para ganar más, o ahí es que se da la asociación que tanto promueve Júpiter en Libra para ti.

Alineaciones de Júpiter

Júpiter creará patrones energéticos con Plutón (transformación) en tu signo, con tu planeta Saturno, que está en Sagitario, y con Urano (sorpresas), que está en Aries.

Las cuadraturas a Plutón: estas ocurren el 24 de noviembre del 2016, el 30 de marzo del 2017 y el 4 de agosto del 2017. Mientras suceden, te presionan para que trabajes con tu poder personal, para que superes las limitaciones del ego y tomes oportunidades positivas de colaboración o asociación, pero también para que dejes claros cuáles son los términos para trabajar contigo o cuánto cobras por tu trabajo. Estas cuadraturas te llevarán a negociar con otros por lo que vales, pero la primera negociación es contigo mismo. Te repito una vez más que tienes que tener certeza en lo que aportas en vez de estresarte pensando que te están haciendo un favor. Otra manifestación de estas cuadraturas es verte ajustándote a un nuevo sistema económico, pero al hacerlo verás cómo tu negocio florece. La asesoría por parte de especialistas es muy importante cerca de estas fechas.

El sextil a tu planeta Saturno en Sagitario: aunque será solamente una vez, el 27 de agosto, te comento que al inicio de diciembre del 2016 y de febrero del 2017 estos planetas estaban flirteando. Te lo comento para que, al prestar atención en estos periodos, entiendas de qué se tratan para ti. Este sextil trae excelentes oportunidades de trabajo o reconocimiento gracias a trabajos hechos en el pasado (sobre todo los del 2016) u oportunidades gracias a personas del pasado. Si estás buscando nuevo mánager, asesor o persona que te ayuda a administrarte, este sextil te ayuda, así que hazlo cerca de esas fechas.

Las oposiciones a Urano en Aries: estas ocurren el 26 de diciembre del 2016, el 2 de marzo del 2017 y el 28 de septiembre del 2017. Júpiter desde tu zona profesional se opone a Urano (sorpresas), que está en tu zona del hogar y familia.

Antes de comentarte sobre la manifestación de la energía, hagamos un ejercicio: Urano entró en Aries en el 2011 y desde el 2012 hasta el 2015 digamos que se portó mal. En sus andanzas, los Capricornio se han visto mudándose varias veces, sintiéndose inestables en cuanto a dónde, cómo o con quién van a vivir, o lidiando con una situación difícil en relación con un familiar o los hijos. Cuestiónate cómo lo has sentido tú para que ahora entiendas que estas oposiciones buscan balancear tu vida. Estás buscando oportunidades de trabajo para saber qué te puedes costear, para tener estabilidad, o estás esperando que se dé una oportunidad profesional para decidir dónde vas a vivir, y como Júpiter rige el extranjero no es raro que te vayas por trabajo a otro país y esto cambiaría tu residencia. Claro, no todos los Capricornio se van a mudar, otros usarán esta energía para casarse (gracias a la estabilidad que también brinda Saturno en trino a Urano) o para terminar una relación que causa desbalance o inestabilidad, pero la meta es que la falta de certeza sobre dónde echarás raíces llegue a su final. Cerca de estas fechas es bueno considerar las mejores opciones que tienes para reinventarte profesionalmente, empezar en otra empresa, otra ciudad o atreverte a mostrar aspectos de ti y de tu trabajo que no habías explotado.

Ya para terminar, aprovechando que una de las últimas oposiciones entre Júpiter y Urano se da al final de septiembre, te comento: para ese momento ya habrá pasado el último eclipse del año, que será el 21 de agosto en Leo y muy positivo. No verás resultados inmediatos porque para entonces, Mercurio estará retrógrado, pero para el final de septiembre sí. Júpiter estará cerrando ciclo en tu zona profesional, el Sol, Venus y Marte estarán pasando por esa misma zona y es por eso que octubre será el mes más importante para ti a nivel profesional. Todas las oportunidades tomadas en el año, recompensas por esfuerzos pasados, todo se muestra allí para ti, lo lejos que has llegado y cómo te estás consolidando. Si tienes un gran lanzamiento en el 2017, ese es el mejor mes para hacerlo.

AMOR Y FAMILIA

Usualmente, la mejor temporada del amor para Capricornio es cuando los planetas empiezan a entrar al signo Tauro, que se da al final de abril y casi todo el mes de mayo. Este año ese periodo está lleno de retrogradaciones. Para ver en qué andarás, debo referirme primero a los eclipses que tendremos en febrero, que nos dan pistas. Estos eclipses son uno en Leo el 10 y el otro en Piscis el 26 de febrero. Los eclipses vienen siempre en pares y cuentan historias. Ese par cuenta la historia de un cambio de trabajo o la oportunidad de iniciar un proyecto que te impulsará más adelante, pero para los Capricornio que estén enfocados mucho más en temas de amor y pareja significa que llegan a un punto en el que hace falta un cambio para mejorar la confianza o su situación financiera, y el acuerdo de empezar desde cero, juntos o separados.

Sea lo que decidan —estar juntos o separados—, para marzo, abril y mayo estarán revisando esta situación una vez más. Primero será Venus (planeta del deseo) la que retrograda entre Aries y Piscis. Estás preocupado atendiendo necesidades del hogar o resolviendo cómo, dónde y con quién vas a vivir. Por supuesto, el trabajo u oportunidades profesionales son muy importantes porque de ahí es que planeas darte estabilidad. Por otro lado, esto puede tratarse de la conversación de tener hijos o no, de tomar decisiones para sus niños si los tienen y no entenderse del todo, no estar en armonía para tomar decisiones en relación con sus hijos si es que no han logrado un acuerdo. Si estás soltero, es darle vueltas a la idea de un compromiso o regresar si se habían distanciado. Pero debes saber que cuando Venus retrograda no estamos claros con lo que deseamos, por eso lo mejor sería esperar a que Venus esté directa... ¿cierto? Bueno, Venus retrograda del 3 de marzo al 15 de abril y cuando despierta de su retrogradación Mercurio estará retrógrado en tu zona de romances e hijos, así que la situación continúa. En esos meses lo mejor es escucharte a ti mismo, aclararte en lo que quieres y también escuchar al otro. Todos, sin importar de qué signo seamos, estaremos en un *bootcamp* de relaciones, viéndonos en el otro, entendiendo por qué manifestamos estas situaciones y llamados a cambiar. Será después del 3 de mayo, que Mercurio está directo y que el Sol en Tauro (tu zona de romances e hijos) está teniendo alineaciones con Plutón en tu signo y Neptuno en tu zona de la comunicación, que se llegue a un acuerdo o reconciliación. En junio, tanto Venus como Mercurio también pasarán por Tauro, ayudando a que te compenetres con tu pareja o a que quedes embarazada, si eres mujer y estás buscando bebé.

Luego entramos en un periodo muy movido del 2017, que es la cuadratura cardinal. Planetas entrando en Cáncer (tu zona de compromiso) estarán en tensión con Urano en Aries (tu zona de estabilidad), con Plutón (transformación) en tu signo y con Júpiter en Libra (tu zona de metas, vida profesional y estatus). Estas tensiones, a diferencia de lo que puedes asociar, se tratan de que todo lo meditado en meses anteriores, más la dulce reconciliación o inicio de relación nueva en mayo-junio, empiezan a ponerlos en acción: "¿Nos mudamos juntos? ¿Nos casamos? ¿Buscamos bebé? ¿Quién trabaja más horas? ¿A dónde podemos mudarnos por mejores oportunidades?". Serán un par de meses sin descanso, pero en cuanto a lograr algo con él o ella, ese es el momento, porque al fin tienen la presión adecuada para no quedarse estancados en el mismo lugar.

Otro momento caliente en relaciones es agosto, debido al segundo par de eclipses. Uno el 7 en Acuario y el otro el 21 de agosto en Leo, que traen cambios en tus zonas financieras, pero también son las zonas de valoración personal y entrega. Los Capricornio más duros para enamorarse y entregarse estarán abriéndose con estos eclipses. Al fin entenderán que se logra más en una buena relación que en una a medias o con la persona equivocada y por eso harán cambios. Incluso podemos decir que estarán más apasionados en todas sus relaciones también porque al final del año Júpiter entra en Escorpio.

Tal como les mencioné en la parte de trabajo, octubre es el mejor mes para celebrar uniones y matrimonios, así que planifíquense para ese momento.

SALUD

Tener a Saturno a tus espaldas puede afectar tu salud, tus huesos, tu energía vital. Queda de ti diseñar un estilo de vida que te hace bien, que administres tu energía y tiempo. Curioso: en el tarot, Saturno está representado por el ermitaño, y por eso un "remedio" para que este planeta no te "drene" tanto es pasar tiempo a solas, trabajar a solas, reducir los ruidos, irte a tu cueva de inspiración.

Ahora, hablemos de incrementar la energía y vitalidad: tal como te comenté arriba sobre los periodos más movidos de Saturno este año, en el periodo junio-julio tendremos planetas transitando por Géminis, que es tu zona del cuerpo, por eso te mencioné que es un buen momento para salir embarazada, hacerte los tratamientos para hacerlo, etc., pero también es un buen periodo para cambiar de hábitos, de ejercicios y alimentación. No es un buen periodo para cirugías pero, como siempre, en caso de que debas hacerlo recomiendo que un astrólogo vea tu carta personal.

Ahora hablemos de bienestar...

No se vale hablar de lo pesado que es Saturno sin hablar de los beneficios de tenerlo a tus espaldas. Saturno y sus alineaciones te ayudan a despertar curiosidad por cosas nuevas en tu vida, y cuando empezamos algo nuevo nuestras células saltan de felicidad. Mayo será un excelente mes para ir poco a poco explorando nuevas actividades físicas, también para remodelar tus ambientes y sentir que hay más espacio para respirar en tu casa, incluso para poner el mat de yoga y practicar. Como Urano estará activo en ese momento, puede que también coincida con viajes o renovaciones en tu casa que alteran tu rutina. Aprovecha esos momentos para romper patrones negativos porque el cambio de ambiente ayuda.

LOS ECLIPSES

1. Eclipse de luna llena en Leo el 10 de febrero

Este es el primer eclipse en Leo en muchísimos años. Cae en tu zona de intimidad, confianza y cuentas conjuntas. Es de Luna y es de finales, pero no temas. Puede ser que llegues a término en tu embarazo, que estés intentando salir embarazada, que debas resolver un asunto del hogar o que empieces a notar ajustes necesarios en tu relación de pareja. La confianza, hablar con la verdad y tener tolerancia es importante. Otra manera en que este eclipse es muy importante es a nivel de finanzas. Lo que se deba de la casa, comprar, vender, alquilar serán temas importantes a menos que estés esperando una comisión que aún no llega y debas presionar. Si tú debes dinero, este eclipse indica que es momento de pagar.

2. Eclipse de Sol en Piscis el 26 de febrero

Este eclipse es de Sol, de inicios y se da en tu zona de ideas, información, viajes cortos. Como es el último eclipse en Piscis en muchos años, esto sería el inicio de un proyecto que apenas estás o están ideando para ti. Otra manifestación de este eclipse es que sea el momento de disolución de un contrato que te limitaba, y así el inicio de una nueva etapa. Piensa qué pasó con el eclipse de luna llena en Piscis el 16 de septiembre y tendrás la clave.

3. Eclipse de luna llena en Acuario el 7 de agosto

Este eclipse se parece al que tuvimos el 18 de agosto del 2016. Es de luna llena, así que es de finales. Cae en tu zona de valor propio, salario, cuánto ganas, posesiones, propiedades. Una clave importante es saber que Acuario es el signo de Urano (planeta de las sorpresas), que está en tu zona de la estabilidad. De nuevo se trata de un asunto de dinero que envuelve estabilidad. Puede que estés cambiando de trabajo y ahora ganes dinero de manera diferente, que tengas que hacer un gran pago por cuestiones familiares. Si trabajas con tu familia o estabas contando con dinero de pareja o familiar, es importante ser claros y poner los asuntos en orden. Este eclipse y sus efectos a seis meses te cambian la idea sobre "cómo ganar dinero" y también "no depender de los demás".

4. Eclipse de Sol en Leo el 21 de agosto

Este eclipse, el más importante del año, es de inicios y cambia la manera como se llevan "las cuentas" en una relación de pareja o de socios. El cambio se da por asuntos de dinero o por los hijos, en todo caso, por algo que se comparte. Es sumamente positivo, por lo que sería ideal usarlo para salir embarazada o iniciar un negocio con alguien de confianza, pero espera a que Mercurio esté directo después del 5 de septiembre.

FASES RETRÓGRADAS DE MERCURIO

1. Entre Capricornio y Sagitario, del 19 de diciembre del 2016 al 8 de enero del 2017

Esta retrogradación empieza en tu signo pero rápidamente ve a Mercurio reingresando a Sagitario. Tomando en cuenta que enero es un mes importante para negociar asuntos de trabajo y tomar decisiones que marcan el inicio del año, no te apures, usa las vacaciones de fin de año para meditar muy bien qué quieres dejar ir. Una persona del pasado puede regresar para mejorar la relación o reencenderla, pero como siempre, espera a que Mercurio esté directo de nuevo.

2. Entre Tauro y Aries, del 9 de abril al 3 de mayo

Asuntos de familia, estabilidad, hijos, sentirte bien contigo mismo son los temas de esta retrogradación, pero lo sentirás desde antes, porque Venus (planeta del deseo y relaciones) estará retrogradando cerca de esa zona. Por eso puedo decirte que desde marzo estarás en modo "planificación familiar" y tomando las mejores decisiones por tus hijos. Si no los tienes, este periodo es la preparación para la energía de independencia que se marca en mayo con el trino de fuego entre Saturno en Sagitario y Urano en Aries. Estas serán semanas para evaluar si de hecho puedes irte a vivir solo, cómo mantenerte y buscar el lugar adecuado para ti.

3. Entre Virgo y Leo, del 12 de agosto al 5 de septiembre

Mercurio retrograda de tu zona de expansión de vuelta a la zona de finanzas. Un emprendimiento requiere análisis a detalle. ¿De dónde sale el dinero? ¿Quién te apoya? ¿Está listo el proyecto? ¿Te mudas? ¿Llevas tus productos a otro lado? ¿Estás seguro de que quieres lanzarlo? Y ¡sí! Será genial, por el eclipse que viene el 21 de agosto. Otra manifestación es no estar seguro aún de dar a conocer a todo mundo una relación que te está cambiando. Hazlo cuando Mercurio esté directo.

4. En Sagitario, del 3 al 22 de diciembre

Una vez más Mercurio retrograda a tus espaldas para fin de año. Esto indica una merecida desconexión, tomarte un tiempo aparte, sanar. Tiene que ver también con asuntos de salud, chequeos médicos o la preparación para dejar ir algo importante, ya que al mismo tiempo Saturno estará entrando en tu signo para quedarse hasta el final del 2020.

LO QUE DEBES SABER PARA APROVECHAR AL MÁXIMO ESTE AÑO

Lo nuevo requiere espacio. En el 2018 tendrás a tu planeta Saturno contigo consolidando proyectos y relaciones importantes. Para poder dar lugar a eso, tienes que prepararte y eliminar lo que no es para ti. Muchas fachadas caen este año para que trabajes con la gente adecuada y compartas tu vida con personas con las que puedes crecer a todo nivel.

También es un año de gestaciones y embarazos que se dan gracias al espacio que ya limpiaste en el 2016, y así poco a poco vas diseñando un nuevo estilo de vida donde la máxima es la independencia, pero no de otros, sino de creencias, del deber ser, de creer que tenías que continuar una situación porque ya tenías mucho tiempo en ella, que no podías lograr algo por tu edad o tu condición. Saturno te está haciendo fuerte y también te está conectando a tu fe y verás que son tus decisiones y no las circunstancias lo que cuenta.

AC

REGENTE
Urano y Saturno

MODALIDAD
Fija

UA
RIO

Elemento
Aire

Gema
Lapislázuli

OVER

En el 2016 Marte (planeta de la acción) pasó dos veces por tu zona profesional y de altas metas. Esto fue inusual, pero ahora entendemos que va
en perfecta sincronía con lo que trae este año para ti. Verás, al final del
2017 Júpiter (planeta de la expansión) entrará en esa misma zona, iniciando un año que va hasta noviembre del 2018, en el que proyectos profesionales, el estatus y la posición en tu industria dan un salto, así que tenías
que prepararte. Las lecciones en cuestión de superación en el 2016 harán
que en los primeros nueve meses del 2017 te capacites mucho mejor y
cuando finalmente Júpiter llegue a Escorpio en octubre estés listo para
este merecido crecimiento.

VIEW

Aparte de eso, este año empezamos a tener oficialmente eclipses en tu signo y en Leo, tu opuesto, por lo que el amor y las asociaciones también están en el *spotlight*.

Sin duda, no será un año aburrido, todo lo contrario.

LO QUE HACE TU PLANETA
REGENTE ESTE AÑO

Te rige el planeta Urano, que representa las sorpresas, las tormentas de ideas, los cambios radicales. Desde el 2011 está en el signo Aries, que es tu zona de pensamiento y comunicación, calentando y alentándote a expresar tu ser auténtico. Aunque ya han pasado muchos años desde su ingreso a ese signo, no siempre ha estado dándote esa energía de la misma manera, ya que ha tenido alineaciones tensas con otros planetas y para empezar, la energía natural de Urano va contra el deber ser social, así que por mucho que tuvieras las ganas de rebelarte y revelarte siempre estaba presente la idea de desencajar con los demás y quedarte solo.

Para que entiendas mejor: encarnaste bajo el signo Acuario para cambiar el mundo alrededor. Los Acuario son los *movers & shakers*, los que rompen con el pasado y con las estructuras que ya no nos funcionan. Ustedes nos liberan a muchos de la presión de ser como nos dice la sociedad que seamos, y eso es un gran trabajo, pues en su labor tienen que ir en contra de la corriente, cosa que muchos no quieren hacer, o continuar, porque quieren estabilidad o estar bien con los demás, ya que Acuario es un signo de grupos. Pero si entiendes que con Urano en Aries tú lideras los grupos, tú vas contra corriente y liberas a otros que te seguirán, estarás más confiado en tu visión y en las ideas "locas" que tienes, que son futuristas. Este año, gracias a los eclipses en tu signo, tu energía y la de tu planeta se harán sentir más, y podrás ir en contra de tus propias ideas limitantes.

Ya debes sentir esto porque el primer eclipse en tu signo ocurrió el 18 de agosto del 2016 y fue de luna llena. No inmediatamente pero sí en los meses por venir, Acuario empezó a caer en cuenta de las ganas que tenía de actuar en esas ideas que estaban acumulándose en su cabeza. Ese primer eclipse sirvió para ir perdiendo el miedo... ¿No? Bueno, imagínate lo que los eclipses de este año pueden hacer por ti.

Alineaciones favorables de Urano
....

Conviene saber que las alineaciones que tendrá Urano este año son positivas y divertidas. Algunas de las más importantes son:

Las oposiciones que tendrá con Júpiter en Libra: Júpiter es el planeta de la expansión, crecimiento y abundancia, y está en tu zona de oportunidades, viajes, estudios, el extranjero y resolución de asuntos legales. Júpiter en Libra quiere que te mudes a otro país con tu pareja, que te asocies con alguien que trabaja en media, en relaciones públicas o en una casa editorial, que vuelvas a estudiar o que viajes y conozcas mundo. Sus oposiciones con tu planeta Urano se tratan de cómo tus ideas requieren un plan, que las pulas o que te capacites mejor para poder llevarlas a cabo. Imagina en una esquina a tu planeta Urano lanzando ideas fabulosas. En la otra esquina, Júpiter, que es el profesor, dice "pero eso hay que hacerlo bien", por ejemplo... Urano en Aries sugiere que es hora de mudarse a otro lugar, y Júpiter dice "muy bien, entonces vamos a asesorarnos con un abogado", y así. Las oposiciones se darán el 2 de marzo y el 28 de septiembre, con una que pasó también al final del 2016, que es cuando la inquietud de cambio empezó en serio, fogueada desde agosto, que pasó tu eclipse. Con cada oposición tu plan ha de estar avanzando para verte en octubre donde quieres estar o gozando lo que quieres crear.

Los trinos a Saturno en Sagitario: muchos Acuario no lo saben, pero también están regidos por Saturno, que es el planeta del trabajo duro y los resultados. Por eso vemos acuarios muy saturninos (trabajadores sin descanso) o muy uranianos (creativos). La meta es tener un balance de ambas energías, pero con los tiempos que corren y teniendo a Saturno en el signo de la libertad al momento, más y más se inclinan por la energía de Urano. Bueno... Este año tus dos planetas regentes estarán en conexión muy positiva hablando de libertad, liberación, asuntos legales resueltos, avance en planes que incluyen un equipo de trabajo, mejores clientes o audiencia. Un nuevo ambiente circundante, nuevos amigos o nuevo proyecto creativo que te hará codearte con personas increíbles. Lo harías desde un puesto que envuelve producción o dirección. Estos trinos serán el 19 de mayo y el 11 de noviembre. Honestamente, el primer trino te ve trabajando en uno de estos temas y es el segundo trino en noviembre, que te ve con el proyecto listo o ya al aire. Puede que no estés interesada en trabajo sino en rodearte de otras personas. Bueno, ese es tu momento. Coincide con la llegada de Júpiter a Escorpio, que es tu zona de altas metas y crecimiento profesional, así que todo el año estás preparándote para esto, resolviendo primero perder el miedo, luego los asuntos legales y protocolares, y al final del año disfrutando los resultados.

El periodo marzo-abril: durante este tiempo, varios planetas estarán conectando con Urano en Aries y es un periodo de planificación sobre este proyecto. Reuniones, viajes, etcétera. Tómate las cosas con calma porque estaremos con varios planetas retrógrados.

Otro periodo caliente para Urano es el periodo junio-julio en el que tendremos planetas en todos los signos cardinales creando tensión entre sí. Esto hará que tomes decisiones de ir o quedarte en un lugar y tendrá que ver con tu vida profesional y/o la búsqueda de mejores oportunidades que también beneficien a tu familia.

TRABAJO

Reitero que este año es genial en cuestiones profesionales y aunque al final del 2017 sientes que todo está cayendo en su lugar, los primeros nueve meses igual te gustará la preparación que te lleva a ese gran inicio de ciclo.

Desde el inicio del año empieza la preparación gracias a la visita del planeta Marte por tu sector del salario negociando con Plutón en Capricornio el 11 de enero. Este sextil se da además con Mercurio terminando retrogradación, así que se refiere a conversar con alguien sobre lo que habían pautado antes. Esto va así como "¿recuerdan los beneficios que me prometieron?", o "volvamos a tocar ese tema (y tiene que ver con dinero)" o "llamando para cobrar", o "quiero saber cómo va mi aplicación o trámite". La semana después de esa alineación debes tener una respuesta de lo que te está pasando y en febrero, gracias al eclipse de Sol (de inicios) en esa zona del dinero, puedes obtener lo que querías o ver avances notables. Como en febrero también tendremos a Venus (planeta del deseo) transitando por esa área, puedes ganar clientes o personas interesadas en lo que haces gracias a tus buenas relaciones con otros. Se corre la voz de lo que haces, o logras que una idea novedosa sea aceptada. Si eres emprendedora, puedes lograr un préstamo para impulsar tu negocio.

Sé que todo esto se lee genial y no quiero romper el encanto, pero es que Venus empieza a retrogradar el 4 de marzo y lo hace hasta el 15 de abril. En esas andanzas ella va a volver a pasar por tu sector del dinero y por eso me temo que aunque hayas conseguido avanzar o lograr lo que querías, o te quedas corto de dinero, o igual con el aumento no cubre lo que ahora estás haciendo gracias a esa idea novedosa que propusiste. Es como si al pedir el aumento te pusieras las pilas, estuvieras haciendo más pero entonces no diera. Si eres emprendedor y consigues el préstamo, asegúrate de administrar muy bien esos recursos, y si conseguiste ayuda de una mujer importante, asegúrate de que la relación sea clara y tenga un propósito, pues no querrás verte teniendo que complacer a alguien que una vez te dio la mano.

Avanzando con el año, si tienes lanzamientos o presentaciones importantes, evita el mes de abril, ya que Mercurio estará retrogradando y tu atención se irá a asuntos del hogar. Ese es un mes para ahorrar. Ahora junio y julio te encienden las chispas de nuevo. Ese es un buen periodo para buscar trabajo nuevo gracias a la visita de Marte (planeta de la acción) en tu zona de trabajo diario. También es un momento para darte cuenta de que si trabajas para hacer realidad los sueños de otros, vale la pena perseguir los tuyos, o al menos darles más atención para lograr la transición pronto. Junio y julio también es un periodo importante para los emprendedores y para los que se están atreviendo a considerarlo gracias a que Júpiter estará arrancando directo de su retrogradación. Esto también lleva a muchos Acuario a volver a estudiar para capacitarse mejor o a buscar mejores oportunidades en otra ciudad.

Si te vas o no, si te atreves o no es algo que tendremos que esperar para ver cuando pasen los eclipses de agosto. Con uno en tu signo y otro en la zona de socios y parejas, tomarás la decisión. Lo que por mi parte te puedo decir es que si ves que hay una oportunidad muy buena para ti, tómala. Más adelante agradecerás haberla tomado. Un socio o pareja que te ama y que quieren lo mejor para ti lo entenderá o encontrará la manera de hacer ese cambio contigo. En esto estarás invirtiendo tiempo y energía hasta que esté bien entrado septiembre y habiendo tomado la decisión empieces a ver resultados.

En octubre Júpiter entra en Escorpio, que es tu zona profesional y todo el esfuerzo tendrá sentido para ti. Júpiter (planeta de la expansión) solo visita esta zona una vez cada 12 años para darte las mejores oportunidades. ¿Te imaginas que llegara Júpiter y que no te hubieras capacitado adecuadamente para poder tomar esos chances? ¡No! Por eso, no veas como algo negativo ese curso que desde ya te planteas hacer, lo que se requiere es ir más allá de lo que habías hecho antes para ver resultados. El final del 2017 es tu momento de victoria y el 2018 es para un mejor estatus en tu ramo profesional.

Último pero no menos importante: si tienes proyectos laborales que quieras lanzar por tu cuenta este año, hazlo para el final de septiembre y en octubre. Esto haría que en diciembre alguien que se interesa en trabajar contigo te dé una mano y colaboración económica.

AMOR Y FAMILIA

El tema más importante para ti este año es el amor. Hace 19 años no teníamos eclipses en tu signo y en Leo, que es tu opuesto, y este año los vamos a tener. Con cada eclipse te irás sintiendo más en sintonía contigo, conectado con el amor propio, eliminando pesos del pasado y mirando hacia adelante. Y con esto no digo que acuarios casados van a separarse, pero sí que la dinámica de la relación va a cambiar. También que estos eclipses van en especial dedicados a los que terminaron una relación en 2014, 2015 y 2016, ya que pasaron por una limpieza para poder encontrarse ahora con una persona que va muy bien con ustedes y con su propósito en este mundo.

Antes de hablar de los eclipses del 2017, toma en cuenta que el 18 de agosto del 2016 hubo uno en tu signo que empezó a mover esta energía de cambio en cuanto a parejas. Trata de recordar cómo fue ese evento para ti.

LOS ECLIPSES

1. **Eclipse de luna llena en Leo el 10 de febrero**

   Como es un eclipse de Luna, es un eclipse de finales y como es en Leo, tiene que ver con aquello que hacemos de corazón. Que sea en tu zona de socios y parejas, plantea un cambio significativo en una relación en la que tu corazón está muy envuelto. Puede tener que ver con hijos, si los hay. Este es un eclipse que verá al Sol en el Nodo Sur, de salida de energía, así que conviene soltar y fluir pero no para todos significa un final; por ejemplo, puede ser el final de una etapa de tu relación, y que pasen de novios a prometidos, pero sí puede ser que si desde agosto del 2016 sabías que una relación no era para ti, digas adiós. Y atención: no sucede el mismo día del eclipse, pero sí en las semanas por venir. Si para este momento decides que pueden mejorar, que quieren resucitar la chispa, pueden intentarlo gracias al eclipse que viene después de este, pero el intento es "muy final", en el sentido de que si ahora deciden intentarlo y no funciona, terminará definitivamente con los eclipses de agosto. Otra manifestación es que con este eclipse alguien que amaste esté haciendo su vida y eso te despierta a la realidad: tú también debes moverte hacia adelante.

2. **Eclipse de Sol en Piscis el 26 de febrero**

Antes de empezar a contarte de este eclipse, debes saber
que estos eventos vienen en pares y que juntos cuentan
una historia. Es por este eclipse de Sol, de inicios que se
da en Piscis, que es el signo de los finales, que puedes tomar esta energía y dar un último chance a una relación que
está en sus últimas. Este eclipse cae en tu zona del valor
propio y autoestima y ya con esto sabes lo importante que
es tenerte, amarte y centrarte al dar esta oportunidad para
que no se repitan las cosas que antes dañaron la relación.
Este eclipse también tiene un impacto en cuanto o cómo
ganas, así que hay mucha energía positiva moviéndote a
hacer cambios en tu valoración personal. No te entregues
por menos de lo que vales, no toleres lo que ya no está a tu
nivel de trabajo interno.

3. **Eclipse de luna llena en Acuario el 7 de agosto**

Este eclipse es de finales, pues es de luna llena. Como cae
en tu signo, es la muerte simbólica de una fase de tu vida.
Con Júpiter en Libra apostando para que ustedes los Acuario salgan y vean mundo, no se conformen, y Urano queriendo que muestres más de ti, este eclipse es como salir de
un secreto, de un escondite y mostrar quien eres de verdad.
Si una relación no estaba funcionando, este es el momento
en el que definitivamente sueltas la conexión por el bien
de los dos. Aprovecha la energía de este eclipse de luna llena para cortar lazos con el pasado y cambiar patrones de
comportamiento que te dan resultados no deseados.

4. **Eclipse de Sol en Leo el 21 de agosto**

Este eclipse es una maravilla aunque se dé con Mercurio retrógrado. Este es el inicio de un ciclo increíble en cuestión de
parejas o socios, y con el trino a tu planeta Urano puede
que el cambio en una relación o el inicio de una nueva
se dé muy rápido. Como este eclipse se da en el Nodo Norte de la evolución también marca un cambio para mejor en

varias áreas de tu vida, gracias a que tomaste la decisión de soltar lo que no era para ti. Los seis meses después de este eclipse tienen una energía muy potente para conocer a la persona con la que estarías toda tu vida. Tiene sentido que al final del 2017 Júpiter entre en Escorpio, donde no solo te ayuda profesionalmente, sino también con un cambio de estado civil.

Aparte de los eclipses, también quiero mencionar que en mayo, cuando Marte está en Géminis, es un buen momento para conocer a alguien nuevo o para embarazos. Si están en pareja usen el mes anterior, abril, que cuenta con Mercurio retrógrado para conversar qué es lo que quieren, para iniciar la planificación familiar sin que nadie más se meta.

Si para ese momento estás soltero, ese es un periodo de mudanza, de remodelación del hogar o para invitar a alguien a que se acerque mucho más.

SALUD

Tus zonas de la salud están ocupadas este año, pero no más de lo usual. Plutón (planeta de la transformación) continúa en Capricornio llamándote a la espiritualidad y así, a veces tiene formas no tan buenas de llamarte a ella, como momentos de transformación, cuestionamiento de tu valor personal después de momentos difíciles, haber tenido que reinventarte en una relación, finales dolorosos, desórdenes hormonales, o tener que dejar atrás a alguien querido por no haber podido conectar con tu poder personal. En pocas palabras, Plutón dice "vas a perder hasta que no te quede más que conectar con tu poder personal", y sé que ha estado rudo, pero a estas alturas, después de trabajar tanto con la energía de este planeta, debes saber o intuir que necesitas descanso, desconexión, tiempo aparte, cultivar tus ideas. Cada vez estarás más llamado a meditar, a retirarte, a viajar para desconectarte de la rutina, a tener sesiones de *cocaching* o un mentor para trabajar en ti mismo. De hecho, las cuadraturas entre Plutón y Júpiter (planeta de la expansión), que está en tu zona de estudios y viajes, te pueden llevar a explorar tecnología de consciencia como *kabbalah*, o estudiar budismo, medicina holística, etc. Las alineaciones de este año de verdad te llaman a atenderte mucho mejor y a explorar en lo que hasta ahora solo era como un bombardeo de información en media, porque querrás encontrar la manera de sentirte más centrado. Las cuadraturas entre Plutón y Júpiter se dan el 30 de marzo y el 4 de agosto. Cercanos a esas fechas y con tus eclipses es que te harás consciente de estar atraído a estos temas y prácticas e iniciarás los cambios.

Un periodo importante para asuntos de salud será en junio y julio, que tendremos planetas transitando por el signo Cáncer, que es tu zona de rutinas, cuerpo, salud y calidad de vida. Aprovecha la visita de Marte (planeta de la acción) para empezar nuevos ejercicios en junio. El 23 de ese mes tendremos también la luna nueva en ese signo, que te sirve como el llamado a volver a comprometerte con las resoluciones que hiciste al inicio del año. Luego, cuando Venus visite esa zona del 31 de julio al 26 de agosto, puedes hacerte un extreme *makeover* o cambiar tu estilo para sentirte más al día con lo que sientes adentro, es decir, querrás que eso se refleje afuera.

FASES RETRÓGRADAS DE MERCURIO

1. Entre Capricornio y Sagitario, del 19 de diciembre del 2016 al 8 de enero del 2017

El 2017 empieza con Mercurio retrógrado en tu zona de amigos y tu zona de finales. Notarás que el final del 2016 es muy diferente al final del 2015 y que las personas a tu alrededor han avanzado o cambiado. Esto te lleva a reflexionar y a hacer planes/resoluciones para el 2017, de enriquecer tu vida y tus relaciones. Si tus planes de fin de año fueron con amigos, seguro hubo cambios o una cancelación que te llevó a plantearte muchas cosas. Para muchos Acuario también fue el último fin de año en un lugar o con una persona.

2. Entre Tauro y Aries, del 9 de abril al 3 de mayo

Mercurio retrograda en Tauro al mismo tiempo que Venus (planeta del deseo) está terminando retrogradación en Piscis. Te comento esto porque desde marzo hasta mayo habrá retrogradaciones en tu zona del valor, la de la comunicación y la de estabilidad. Esta retrogradación de Mercurio que se da entre las dos temporadas de eclipses tiene que ver con los arreglos, dudas y ajustes que vienen con mudanzas de hogar o de oficina, también para darle estructura a un plan que quieras manifestar que implique vivir más cómodamente, o compra-venta de vivienda. Tómate este periodo con calma. No digo que no vendas, compres o alquiles, pero revisa muy bien el contrato, el estado de la propiedad, etc.

3. Entre Virgo y Leo, del 12 de agosto al 5 de septiembre

Esta retrogradación de Mercurio se da al mismo tiempo que la temporada de eclipses de agosto, la cual es muy importante para ti. Pero tal como te comenté en la sección de eclipses, ni siquiera con Mercurio retrógrado podrás limitar el poder de cambio en cuestión de imagen personal, decisiones de cambio que tenías contenidas y en relaciones importantes. Más bien, sentirás que esperaste demasiado. Lo que hace Mercurio retrógrado aquí es ayudarte a mantener tus asuntos muy privados hasta que se haga conveniente comentarlos. También puede retrasar un proyecto muy bueno, pero ya el 5 de septiembre Mercurio arranca y tendrás luz verde. Trata de no hacer grandes gastos de dinero hasta que Mercurio esté directo.

4. En Sagitario, del 3 al 22 de diciembre

Una vez más, el año termina con Mercurio retrogradando en Sagitario. Esta vez, la retrogradación te ayuda a ponerte al día con familiares que tienes tiempo sin ver o con amigos del pasado. Puedes reencontrarte a personas que fueron importantes para ti en un viaje, pero eso sí: planes de viaje deben ser agendados antes del 14 de noviembre, que es cuando Mercurio empieza la sombra.

LO QUE DEBES SABER PARA APROVECHAR EL AÑO

Las cosas no suceden al azar. Si vieras todo desde arriba podrías ver cómo las lecciones del 2015 y 2016 te llevan a esto: el año de capacitación para gran crecimiento profesional y la libertad que te mereces, pero que tienes que permitirte, porque nadie sino tú te has contado la historia de cómo deben ser las cosas. Aunque muchos Acuario piensan que ya han trabajado mucho y que no hay mucho más que hacer o por crecer en una empresa o relación, no se han percatado de que hay otras empresas o relaciones en las que se puede crecer mucho más. El temor a estar solo, ir contra corriente o tomar una decisión que mejora tu calidad de vida pero te aparte de gente que amas debe ser superado para aprovechar todo lo que la vida tiene para ti.

PI S

REGENTE
Neptuno

MODALIDAD
Mutable

Elemento
Agua

Gema
Aguamarina

CIS

OVER

Si el 2016 fue el año de cambios en situación de socios y pareja (o cambios que iniciaste con tu pareja), este es el año de la entrega al proceso, de la inversión, de dar el paso o el embarazo.

No te asustes, Piscis. Una manera más simple de entender lo que el 2017 tiene para ti es que después de tanto esfuerzo y trabajo interno la relación contigo mismo ha cambiado para bien, eso mejora la relación con los demás y los resultados se verán este año en la realidad.

VIEW

Y si para muchos es un bebé, para otros es un proyecto que mejora tu situación financiera, dar el paso más allá en una inversión que ya habían hecho, aprender a sacarle aún más provecho, o apostar por el cambio al salir de lo conocido y familiar.

Todo esto se traduce en dar a luz una nueva vida, a renacer una vez más, a encontrar un nuevo propósito de superación y a dejar en el pasado inseguridades personales o nebulosidades que te hacían tan difícil manifestar en el mundo real.

LO QUE HACE TU PLANETA
REGENTE ESTE AÑO

Te rige el planeta Neptuno, que representa la inspiración, lo espiritual, la fantasía, las ilusiones, la inmensidad. Me encanta explicar la energía de Neptuno como aquello que todos queremos y que no se puede comprar, como la magia, el carisma, el estilo, nuestras inclinaciones artísticas. Pero Neptuno también tiene energía baja, que es las mentiras, escondernos de nosotros mismos, engañarnos, la nebulosidad, la falta de claridad. Si hubo un momento para trabajar la energía baja de Neptuno y elevarla, fue en el 2016, que vivimos la famosa cuadratura mutable. Teníamos varios planetas presionando a Neptuno para ponerle columna vertebral a ese sueño al que nos inspiraba. Mis frases "no dejes que tus sueños sean solo sueños", o "los sueños no se cumplen, se trabajan" resumen el trabajo de septiembre del 2015 a septiembre del 2016.

¿Cómo te sentiste en ese periodo? ¿Abriste los ojos a realidades que preferirías no tomar en cuenta? ¿Te diste cuenta si te armabas novelas en la cabeza o si te desconectabas de la realidad? ¿Evadiste responsabilidades para después lamentar no haber atendido algo a tiempo? Seguro que sí, y ese fue el trabajo con Neptuno en el 2016.

Este año, Neptuno no tiene patrones energéticos de presión, sino las normales alineaciones de todos los años que nos hacen repasar el trabajo.

Los mejores momentos de Neptuno

En enero, empezando el año, cuando se une a Marte (planeta de la acción) en tu signo, dándote la energía para un nuevo comienzo, aunque debas esperar que pase el 8 de ese mes, que Mercurio arranque directo. Usa la primera semana del año para reflexionar sobre tus resoluciones y motivarte a empezar algo nuevo. Luego de la mitad al final de ese mes, Venus y Mercurio contactan a Neptuno, haciendo de esas dos semanas buenas para encantar a otros, negociaciones, planes con equipo de trabajo y hasta con pareja informal.

El final de febrero es otro momento súper importante. Tendremos el último eclipse en tu signo en 19 años y aunque no es cercano a Neptuno, el evento responde a él, que es el regente. Este eclipse es de Sol, así que es de inicios, y como ya lo mencioné, es el último de una serie que empezó al final del 2015, y así en septiembre y diciembre de ese año, y en marzo, junio y septiembre del 2016 estuvimos trabajando lo mismo: "¿cómo elevamos la energía de Neptuno para vivirla en su mejor versión, en vez de seguir escondiéndonos o mintiéndonos?". Por eso se me hace importante este momento, porque es el evento karmático final de esta labor de aprender a trabajar con tu inspiración, pero no con las falsas ilusiones; cómo perseguir nuestros sueños, pero sin perder contacto con la realidad. Es un eclipse muy importante para ti.

En mayo hay otra fecha importante: el 11 de ese mes Marte en Géminis estará en cuadratura a Neptuno, y llama la atención porque esto sucede una vez cada dos años. Esa tensión es para ser realista en situación de hogar o familia, remodelaciones, atención a un ser querido o mudanzas. Debes buscar claridad para tomar la decisión adecuada y evaluar las diferentes opciones. Esta situación se verá avanzada o resuelta para el 27 de junio, que Marte está en trino a Neptuno, un momento muy lindo para el amor y el romance también. Estas buenas fechas para el amor por trinos de planetas en Cáncer a Neptuno en tu signo se repiten a lo largo de julio.

Después de eso, Neptuno vuelve a tener un mes interesante a partir del 5 de septiembre, ya que varios planetas estarán pasando por el signo Virgo, y entre ellos Marte, dando a los piscianos muy buena energía para iniciar una relación o hacer un sueño realidad de la mano de otra persona. Para ese momento, Júpiter (planeta de la expansión) estará terminando el tránsito por el signo Libra, que es tu zona de entrega, y habrán pasado dos importantes eclipses que aceleran nuestros planes de cambio.

El último momento interesante de Neptuno es su trino a Júpiter en Escorpio el 2 de diciembre. Este trino es único y tiene la capacidad de hacer realidad el sueño de expansión, mudanza a otro país o de encontrar tu propósito. Sé que suena poético, pero es un trino considerado como la salvación después de adicciones o caídas. Todo el 2018 tendrá presente esa vibración.

TRABAJO

El 2016 fue un año duro en cuestiones de trabajo. Con Saturno (planeta de la responsabilidad) en la zona de altas metas y responsabilidad, o había mucho trabajo y poco descanso o te fue difícil conseguir un buen trabajo. De todas maneras, Saturno en esa zona te ha enseñado lo importante de comprometerse con lo que uno quiere, tener una visión y dedicarse a manifestarla. Si fue duro, te tengo buenas noticias: este año Saturno tiene mejores patrones energéticos que los del año pasado.

Los patrones de Saturno

- Dos trinos a Urano en Aries: estos trinos de fuego conectan a Saturno en tu zona profesional y a Urano en tu zona del salario. Las fechas son el 19 de mayo y el 11 de noviembre. El primer trino te encuentra con muchas ganas de cambios, debido a las retrogradaciones de Venus y Mercurio entre tu zona de contratos y salario, así que usa esta energía para emprender por tu lado, para empezar a trabajar en un proyecto muy diferente, o inventarte una entrada extra de dinero, y puede ser en línea, ya que eso es tema de Urano. El segundo trino es para verte triunfando, muy bien posicionado o sacándole provecho a esa manera diferente de hacer dinero, o quizá ya te atreviste a trabajar de manera independiente.

- Un sextil a Júpiter en Libra: este sextil conecta a Saturno en tu zona profesional y a Júpiter en tu zona de comisiones, cuentas conjuntas, préstamos y créditos. Aunque el sextil se perfecciona el 27 de agosto, al inicio de febrero hay un acercamiento. Al ver este patrón y el del trino con Urano, sé que este año aprenderás a manejar tus finanzas mejor que antes, de hecho estarás muy pendiente de tener las cuentas al día, los impuestos pagados, y ahorros. Los Piscis más capacitados en estos temas logran sacarle provecho a lo que tienen y producir aún más. Te explico el porqué...

Júpiter en Libra

Ya te hablé de Saturno en tu zona profesional y cómo tiene mejores alineaciones que el año pasado. Ahora voy a hablarte de Júpiter en Libra, que es un tránsito de un año que empezó en septiembre del 2016 y termina en octubre del 2017. Júpiter representa la expansión y está en tu zona de cuentas conjuntas, inversión, préstamos, créditos, comisiones, intimidad y embarazos. Una de las manifestaciones de Júpiter si trabajas bien con la energía es aumentar tus recursos y crear abundancia en esos temas. Para trabajar correctamente con esta energía es importante saber si estás colaborando o cuentas con un buen socio o pareja, ya que antes de llegar a Libra, Júpiter estaba en Virgo y en ese momento la lección era asociarte o juntarte con alguien bueno para ti.

Así que evaluemos: dime si en los últimos 12 meses cambiaste de contador, abogado, agente, manager, *coach*, si te pareció que no era bueno, ya que estas figuras también entraban en las lecciones de Júpiter en Virgo. Si terminaste con tu nebulosidad, si te hiciste cargo de tus finanzas, de asesorarte con personas realistas y que te enseñan, el tránsito de Júpiter en Libra será muy positivo. De todas maneras, si aún no te has puesto a evaluar muy bien con quién haces negocios o quién dejas que toque tus finanzas, las cuadraturas entre Júpiter y Plutón te abrirán los ojos. Las fechas son el 30 de marzo y el 4 de agosto. No hagas caso omiso a estos temas, porque sí es un año de abundancia y poner a trabajar lo que tienes por lo que quieres, pero depende de ti, de tu estado de consciencia aprovechar las oportunidades aún cuando impliquen el sacrificio de poner viejos desórdenes en orden.

Otros patrones para tener en cuenta

- Un indicador de cambio en cómo llevas tus finanzas es que Júpiter se opondrá a Urano el 2 de marzo y el 28 de septiembre. Esto habla mucho de independizarte, de tener otra entrada de dinero y de llevar cuentas separadas de tu esposo/a, por ejemplo. No depender del otro, sino producir y aportar.

- En temas de trabajo, el que este año tengamos dos eclipses en el signo Leo y dos lunas nuevas en ese signo, que es tu zona de estilo de vida, oficina y rutinas, habla de un cambio de lugar de trabajo o un cambio de horarios. Me inclino más a cambio de cómo, dónde o con quién trabajas, y para los que quieren aprovechar esta energía plenamente, será el inicio de trabajar para sí mismos, y lograr que otras personas trabajen para ti antes de que se acabe el año. El periodo más caliente con ese tema va de julio a septiembre.

- Venus retrógrada: otro tránsito a tomar en cuenta en cuanto a trabajo, dirección de vida y salario es del 4 de marzo al 15 de abril, cuando el planeta del deseo, el valor y el dinero retrogradará entre tu zona del dinero y tu signo. Esto sucede justo después de un eclipse positivo en tu signo que implica "nueva vida". Al parecer, esa nueva vida necesita que termines con un trabajo o proyecto que te drena, que no vale lo que paga, porque te está consumiendo. Si es así, será en ese periodo de Venus retrógrada que evalúes todas las opciones y que el desgano por continuar con lo que sabes que no es para ti te lleve a hacer cambios en mayo para ver esa gran liberación de julio a septiembre.

AMOR Y FAMILIA

El año pasado Júpiter (planeta de la expansión) estuvo en Virgo, que es tu zona de socios y parejas. Júpiter en esa zona cambió tu idea de lo que quieres en una relación y como toda relación habla de nosotros mismos, te invitó a cambiar también. Si empezaste una relación en el 2016, esta se profundiza este año, luego de los eclipses de febrero. Si estás soltero, el eclipse del 26 de ese mes inicia un nuevo capítulo de amor por ti mismo, que te llevará a conocer nuevas personas que resuenan mucho más con tu parte espiritual o con el trabajo interno que has hecho hasta ahora, ya que Júpiter se encuentra en Libra, así que lo externo o lo superficial no te llama para nada la atención. Quieres una relación balanceada y con alguien con quien puedas profundizar. Al mismo tiempo, eso me dice que este año es para enfrentar miedos que tengas a la entrega.

Una de las razones por las que Piscis se evade es para no asumir compromiso, porque tendría que ver cosas de sí mismo en las que ha invertido mucho para dejar bajo la alfombra, pero entonces este año tenemos un problema: tendrás más ganas que nunca de una relación intensa, pero no hay chance de que tenga lugar a menos de que lidies con lo que estabas escondiendo, como una adicción, miedos del pasado o patrones negativos que nacen de tus inseguridades. Esto también lo sé debido a los eclipses y los patrones de Júpiter que se marcan en lo económico también: tienes por delante un año de mucha ganancia, pero si sigues evadiéndote o saboteándote será imposible aprovecharlo. Por eso, el mejor consejo que te puedo dar es que si estas líneas resuenan contigo, busques ayuda o asesoría al final de febrero, y así usas la retrogradación de Venus para volver al amor por ti mismo.

Para los que empiezan el año saliendo con alguien, los contactos de Marte a Neptuno al inicio del año, sumado a Venus y Mercurio contactando a tu planeta al final de ese mes, indican nuevos planes, el replanteamiento de un compromiso más serio o avanzar a conocerse más. Pero debes saber que cuando Venus retrograda las relaciones pierden chispa. Ese periodo del inicio de marzo a la mitad de abril servirá de prueba; pero igual, cerca de los eclipses de febrero sabrás si esa persona es para ti o no.

Una vez que salimos de las retrogradaciones de Venus y Mercurio llegamos a mayo, junio y julio, que son meses para los Piscis casados, pues la energía se trata de remodelaciones de la casa, atender asuntos del hogar o a un familiar. Si tienen tiempo de novios, este es el periodo para mudarse juntos. Julio tiene varias fechas románticas en las que a pesar de las muchas tareas de asumir responsabilidades juntos, se ven felices de estar avanzando.

Luego, un periodo interesante es agosto-septiembre cuando viene el último par de eclipses de este año y Mercurio empieza a retrogradar justo en la zona de parejas. Ese es un momento de reconciliaciones, de conocer a alguien que se siente de toda la vida, de encontrarte o reencontrarte con alguien muy especial con quien se puede crear un nuevo camino de vida. Lo que todo el mundo piensa de Mercurio retrógrado es que es un periodo para hablar de los exnovios, pero puede reunirnos con *soulmates*. Este periodo también puedes tomarlo para soltar lazos con el pasado que te hizo daño y los recuerdos que ya no quieres seguir guardando. También habrá parejas que iban muy rápido en la relación en el periodo de mayo a julio, y ahora con esta retrogradación deciden tomarse las cosas con más calma.

Para los Piscis casados, este periodo tiene que ver con dar el primer paso a un gran plan, que puede ser un negocio familiar o tener hijos.

Para finalizar, cuando Júpiter entra en Escorpio en octubre, los Piscis solteros serán "llamados" al extranjero o a personas muy espirituales. El trino de agua y magia que tiene Júpiter y Neptuno en diciembre les conecta con personas especiales. Ese momento también es hermoso para una boda, pero Mercurio retrograda allí mismo, así que mejor planifícala para finales de noviembre.

SALUD

Con dos eclipses en la zona de la salud, cuerpo, rutina y calidad de vida, llegó el momento de hacer cambios o verás que te son impuestos. El eclipse de luna llena del 10 de febrero va a la par con un eclipse en tu signo, así que ese es el momento con mejor energía disponible para dejar un vicio, trabajar en superar una adicción o darte la atención necesaria para rehabilitarte. Por la naturaleza de los eclipses, tu sanación va de la mano con el permiso que te das para expresar tus talentos y también con aceptar que necesitas un cambio de ambiente y de estilo de vida.

Otro indicador de cambios en la salud es el tránsito de Júpiter por Libra, que es tu zona íntima y de entrega. Es un año para balancear desórdenes hormonales, dar atención al cuidado de tus órganos reproductores o prepararte para un embarazo. Si de hecho estás considerándolo, tenemos que bajarle la presión al señor Saturno en la zona profesional, que aunque este año tiene mejores alineaciones estas representan un peso para ti, el cual se refleja en dolores de espalda y asuntos con huesos.

Otro remedio poco convencional para mejorar de salud y tu sensación de bienestar lo trae el eclipse de luna llena en Acuario del 7 de agosto. Ese eclipse de finales que cae a tus espaldas es para soltar el pasado. De nuevo, otro indicador para dejar adicciones, malos hábitos o un lugar que ya no es para ti. Lo que eliges vivir afecta sobremanera en tu bienestar, y este año lo entenderás. Además, te verás con herramientas y oportunidades para diseñar otra vida, pero tienes que sincerarte contigo mismo y no meter estos asuntos debajo de la alfombra.

Al final del año, Júpiter entra en Escorpio y empieza un año de vivir tu propósito, de profundidad y de expansión de tu mundo. Esto te acercará a prácticas y estudios místicos que traerán sanación a nivel de consciencia. Esta tendencia seguirá contigo hasta noviembre del 2018.

LOS ECLIPSES

1. Eclipse de luna llena en Leo el 10 de febrero

Este es el primer eclipse del año y va de la mano con el último en tu signo en 19 años. Los dos tienen que ver con darle final a una etapa de tu vida que ya no te calza. El cambio empezó en septiembre del 2016 cuando te viste obligado a ver una situación de socio o pareja como era, y no como querías que fuera. Tuviste que enfrentar la realidad, cambiar. Ahora, con el eclipse de luna llena en Leo, ves de nuevo tu día a día, tu rutina, salud y calidad de vida y verás si te cumpliste o no. ¿Terminaste con aquello que no tenía futuro? ¿Terminaste con lo que te hacía daño? ¿Trabajaste eso a nivel interno? Si no, ahora tendrás que hacerlo. Este eclipse también coincide con un cambio de oficina, de empresa o modo de trabajo. Se hace notable que necesitas ayuda o un asistente.

2. Eclipse de Sol en Piscis el 26 de febrero

Este eclipse es muy positivo, es de inicios, y como es el último en tu signo en muchísimos años tienes que sacarle provecho. Acá te vuelves a comprometer contigo mismo a terminar lo que te hace mal y regalarte un inicio. La mayoría de los Piscis estarán usando estos eclipses para cambios profesionales y mudanzas, pero también estarán los eternos románticos que ahora inician cambios en su vida amorosa o inician una relación importante.

3. Eclipse de luna llena en Acuario el 7 de agosto

Este es un eclipse de finales que cae a tus espaldas y su propósito es ayudarte a soltar el pasado, lo que te ata, lo que no te permite ser. Es momento para liberarte, para conectar con tu intuición y para decir adiós a una mala relación, a un puesto de trabajo o lugar de vivienda. Una mujer importante puede salir de tu vida.

4. **Eclipse de Sol en Leo el 21 de agosto**

El inicio de un nuevo estilo de vida arranca ahora, y aunque no se dé muy rápido debido a Mercurio retrógrado al momento, sí se hará de manera segura, ya que el eclipse será total y con esto quedas limpio de las viejas adicciones y apegos. Este eclipse también es para iniciar una nueva relación con tu cuerpo, verte libre de una condición que limitaba tu calidad de vida. Muchos estarán iniciando trabajo nuevo, recién mudados a una casa o emprendiendo por su lado. Los que ya tienen tiempo trabajando como emprendedores empiezan a crear más tiempo de diversión para sí, no dejando que todo sea trabajo, porque ya sus esfuerzos hablan por sí solos, y no tienen más que probar si están creando activamente mejoras en sus rutinas.

FASES RETRÓGRADAS DE MERCURIO

1. **Entre Capricornio y Sagitario, del 19 de diciembre del 2016 al 8 de enero del 2017**

El 2017 ya viene con Mercurio retrógrado pero dura poco. Sin embargo, debes saber de qué se trata. Esta retrogradación empezó en Capricornio, que es tu zona de amigos y trabajo en equipo, para devolverse a Sagitario, que es tu zona de trabajo. Parece que en tus vacaciones debes tener la computadora cerca porque tareas pendientes demandan tu atención. Después de esta retrogradación te juras terminar todo en horario de trabajo, no llevarte nada a

casa o a vacaciones, y dejar claro que estos días de descanso son sagrados. Otro tip: si llegas a leer esto antes de
que empiece a retrogradar Mercurio el 19 de diciembre,
asegura tu página web o archivos para que no los dañen
o roben.

2. **Entre Tauro y Aries, del 9 de abril al 3 de mayo**

Esta se da cuando la retrogradación de Venus está llegando
a su final. Esto es complicado de explicar, pero lo haré fácil
para que estés al tanto: Venus retrograda del 4 de marzo al
15 de abril. Empieza en Aries, que es tu zona de valor personal y dinero, para devolverse a tu signo donde despierta
en abril. Ya allí Mercurio ha empezado a retrogradar en tu
zona de contratos y acuerdos para devolverse a Aries, que
es tu zona del dinero, donde Venus empezó a retrogradar.
Wow! En español: de marzo a mayo estarás reconsiderando
las razones por las que estás en un trabajo o situación en la
que no te sientes valorado. Después caes en cuenta de que
de alguna manera le diste cabida porque lo toleras, después
te molestas y empiezas a hacer cambios, luego te suavizas
y empiezas a fluir con el cambio y en mayo te levantas muy
tenaz actuando para afirmar tus reflexiones. Lo más importante de este periodo: cambios en cómo te ves a ti mismo, tu
valoración personal y cómo manejas tus finanzas.

3. **Entre Virgo y Leo, del 12 de agosto al 5 de septiembre**

Esta retrogradación se da al mismo tiempo de los eclipses
de agosto, que son de grandes cambios. Mercurio empieza
a retrogradar en Virgo, que es tu zona de socios y pareja,
pero se devuelve a Leo, que es tu zona de estilo de vida.
Tú y tu pareja tienen tiempo hablando de cambios y finalmente se proponen iniciarlos. Puede que reconsideres regresar con alguien si demuestra que ha hecho cambios en
su vida y ahora ofrece mejor calidad de vida. Mudanza con
pareja o plantearse tener bebés también serán temas de
estos momentos. No se apuren, háblenlo y tomen acción
después del 5 de septiembre.

4. En Sagitario, del 3 al 22 de diciembre

Una vez más, Mercurio retrograda en tu zona profesional y de altas metas al terminar el año. Esta retrogradación es melancólica para ti porque coincide con la salida de Saturno de Sagitario. Es un corto periodo de reflexión y de cuestionarte si tener éxito vale la pena si no tienes con quién compartirlo, o si valió la pena sacrificar oportunidades por asuntos personales. La respuesta es que el 2017 fue un año de balance y que te llevó a darte una nueva vida, nueva luz y nuevas metas. Ahora que está llegando a su final el periodo más fuerte a nivel de trabajo en 29 años, desconéctate y descansa.

LO QUE DEBES SABER PARA APROVECHAR EL AÑO

Aquel que huye del reto, jamás será libre.

Queridos piscianos: con el 2016 se termina uno de los años de más retos que han tenido en muchísimo tiempo. La presión por surgir, el deseo de tener compañía o lograr algo con su pareja les hizo enfrentar una realidad, disolver fantasías o negaciones internas. Se han hecho dueños de sus historias y cargo de lo que quieren ver en la realidad. Al entender que su imposibilidad es su responsabilidad, todo está cambiando. Agradezcan la molestia que les llevó a su certeza y no teman empezar desde cero. Este año es para dar a luz nueva vida y ver recompensas que van más allá de lo material. Encontrar el propósito de vida es invaluable.